essentials

Essentials liefern aktuelles Wissen in konzentrierter Form. Die Essenz dessen, worauf es als „State-of-the-Art" in der gegenwärtigen Fachdiskussion oder in der Praxis ankommt, komplett mit Zusammenfassung und aktuellen Literaturhinweisen. Essentials informieren schnell, unkompliziert und verständlich

- als Einführung in ein aktuelles Thema aus Ihrem Fachgebiet
- als Einstieg in ein für Sie noch unbekanntes Themenfeld
- als Einblick, um zum Thema mitreden zu können.

Die Bücher in elektronischer und gedruckter Form bringen das Expertenwissen von Springer-Fachautoren kompakt zur Darstellung. Sie sind besonders für die Nutzung als eBook auf Tablet-PCs, eBook-Readern und Smartphones geeignet.

Essentials: Wissensbausteine aus Wirtschaft und Gesellschaft, Medizin, Psychologie und Gesundheitsberufen, Technik und Naturwissenschaften. Von renommierten Autoren der Verlagsmarken Springer Gabler, Springer VS, Springer Medizin, Springer Spektrum, Springer Vieweg und Springer Psychologie.

Manfred Rühl

Publizistikwissenschaft erneuern

Was wir über öffentliche Kommunikation wissen und was wir wissen können

Manfred Rühl
Nürnberg
Deutschland

ISSN 2197-6708 ISSN 2197-6716 (electronic)
essentials
ISBN 978-3-658-12839-5 ISBN 978-3-658-12840-1 (eBook)
DOI 10.1007/978-3-658-12840-1

Die Deutsche Nationalbibliothek verzeichnet diese Publikation in der Deutschen Nationalbibliografie; detaillierte bibliografische Daten sind im Internet über http://dnb.d-nb.de abrufbar.

Springer VS

Gedruckt auf säurefreiem und chlorfrei gebleichtem Papier

Springer Fachmedien Wiesbaden ist Teil der Fachverlagsgruppe Springer Science+Business Media
(www.springer.com)

Vorwort

Für das Wort *Publizistik* gibt es viele Kontinuitäten (Rühl 1999a). Eine eingeführte Lehrbuchliteratur beschreibt und klassifiziert Publizistiktheorien von gestern. Eine zukunftsorientierte publizistikwissenschaftliche Forschungsliteratur ist nicht in Sicht (Rühl 1999b). Die großen Nachschlagewerke *Geschichtliche Grundbegriffe. Historisches Lexikon zur politisch-sozialen Sprache in Deutschland* (Brunner et al. 1972–1997) und *Historisches Wörterbuch der Philosophie* (Ritter et al. 1971–2007) kennen kein Stichwort Publizistik. Als in den 1960er Jahren Kieslich (1963a), Prakke (1963), Dröge und Lerg (1965), Maletzke (1967), Koszyk (1968) und Rühl (1969b) begannen, die „deutsche" *Publizistikwissenschaft* mit der „amerikanischen" *Communications* aus inkongruenten Perspektiven zu vergleichen, wurden die Begriffe *Publizistik* und *Kommunikation* für gleichsinnig gehalten (Lerg 1970, S. 11). An der Universität Erlangen-Nürnberg kam ein kommunikationswissenschaftlicher Lehr- und Forschungsbetrieb in Gang (Ronneberger 1970, 1971; Rühl 2015, S. 18 ff.), an den Traditionsinstituten in Berlin, München und Münster war man dabei, Publizistikwissenschaft bzw. Zeitungswissenschaft zu de-ideologisieren.

An der Annenberg School for Communication der University of Pennsylvania in Philadelphia bemühte sich anfangs der 1970er Jahre eine *communications community*, das bewahrte Wissen aus Makro- und Mikrosoziologie, Erregungspsychologie, Medienpädagogik, Sozial- und Kulturanthropologie, Radio-, Film- und Fernsehforschung, mithilfe der Sozialkybernetik, kommunikationswissenschaftlich umzubauen (Rühl 2006, S. 351 ff.; 1971). Heute kann gelten: „(Re)conceptualising communication, talking or writing of communication, that is, communication of communication, is what we communication scholars do" (Krippendorff 1996, S. 311). Auf die Publizistikwissenschaft ausgerichtet wäre hinzuzufügen: „Öffentlichkeit und öffentliche Meinung gibt es nur als historisch erfahrene und künftig erwartbare Konzeptionen, die zu sozialen, politischen, wirtschaftlichen und anderen Zusammenhängen, kurz: zu besonderen Gesellschaften ins Verhältnis zu setzen sind" (Ronneberger und Rühl 1992, S. 193).

1969–1970 Faculty and staff

From the top: Dolf Zillmann, Manfred Rühl, Karoly Varga, Charles Wright, Charles Hoban, Bob Scholte, Sol Worth, Vernon Wattenburger, Ilona Gerbner, Hiram Hayden, Ray Birdwhistell, Larry Gross, Joyce Wattenberger, Mary Anne, Klaus Krippendorff, George Gerbner, Eleanor Maloney, Kiki Shiller, James Gray, Alexandra Grilikhes, and Robert Shayon

Nürnberg, im November 2015

Manfred Rühl

Inhaltsverzeichnis

Kommunizieren und Publizieren für eine sich selbst zivilisierende Bürgergesellschaft

1

Wie identifiziert man *öffentliche Kommunikation* in Relation zur Gesellschaft? (Rühl 1980, S. 228 ff.) Europäische Aufklärer, sämtlich vernunftbegabte Subjekte, hielten Ausschau nach sachlichen, sozialen und zeitlichen Dimensionen gesellschaftlichen Publizierens (Rühl 1999a, 2006). Immanuel Kants (1968, S. 53) Leitmotiv: „Sapere aude! Habe Mut, dich deines eigenen Verstandes zu bedienen!", sollte die Aufklärung als Wissenschaft vom Menschen auf den Weg bringen, ausgerichtet auf sozialethische Maximen des Gemeinwohls. Wissen galt Aufklärern als sicher. Jeder sollte Wissen besitzen können. Mithilfe der Vernunft sollte eine gerechtere Gesellschaft möglich werden. Dafür hatte die Wissenschaft nicht nur verstreute Tatsachen zu sammeln, sie sollte vielmehr von moralischem Nutzen sein, sollte Menschen erhellen, aus ihnen Selbstdenker machen. Bei der Rekonstruktion unterschiedlicher Kommunikationsformen argumentierten französische und englische Aufklärer seit dem 17. Jahrhundert in ihren Landessprachen (Porter 1991). Seit dem 18. Jahrhundert geht aus dem Lutherdeutsch – mit vielen erkenntnis- und methodentheoretischen Brüchen – eine uneinheitliche Wissenschaftssprache hervor.

1.1 Christian Thomasius über Mensch, Kommunikation, Gesellschaft und individuelle Freiheit

Hauptanliegen des Juristen, Philosophen, Gesellschaftspolitikers und Universitätsreformers Christian Thomasius (1655–1728) war es, Menschen durch Kommunikation in der bürgerlichen Gesellschaft moralisch zu erneuern. In seinem 1692 erschienenen Buch *Einleitung zur SittenLehre* entwirft Thomasius (1995, S. 89, H. i. O.) eine Theorie wechselseitiger Abhängigkeit von Mensch, Kommunikation und Gesellschaft:

M. Rühl, *Publizistikwissenschaft erneuern,* essentials,
DOI 10.1007/978-3-658-12840-1_1

> […] der Mensch wäre ohne menschliche Gesellschaft nichts […] Ein Mensch müsste verderben/wenn sich andere Menschen nicht seiner annähmen […] Was wären ihm die Gedanken nütze/wenn keine andere Menschen wären? […] Die Gedanken sind eine innerliche Rede. Wozu brauchte er diese innerliche Rede/wenn niemand wäre, mit dem er seine Gedanken *communiciren* solte?

Thomasius revoltiert gegen den autoritativ-scholastischen Lehrkanon der kursächsischen Universität Leipzig, wo Schulwissen in lateinischer Sprache gelehrt wurde. Thomasius bevorzugt das Selbstdenken in Wissenschaft und Alltag. Er charakterisiert *Gelehrtheit* mithilfe von Logik, Metaphysik und Erkenntnistheorie, im Unterschied zur *Gelahrtheit*, dem vernunftbasierten praktischen Lernen alltäglicher Verrichtungen. Jeder könne über beide Formen verfügen.

> […] auch ein unstudierter Mann/er möge nun ein Soldat/Kauffmann/Hauß-Wirth/ja gar ein Handwerks-Mann oder Bauer/oder eine Weibes-Persohn seyn/wenn sie nur die *Praejudicia* von sich legen wollen/noch viel bessere Dinge in Vortragungen der Weißheit werden thun können/als ich oder ein anderer. (Thomasius 1998, Vorrede, H. i. O.)

Ein halbes Jahrhundert vor Adam Smith denkt Christian Thomasius die Ökonomie als Eigenheit. Den Zustand der deutschen Universitäten findet er beklagenswert. Er konzipiert ein *Teutsch Programma.* Am 31. Oktober 1687, dem Reformationstag, hält Thomasius eine Privatvorlesung in deutscher Sprache unter dem Titel *Discours Welcher Gestalt man denen Frantzosen in gemeinem Leben und Wandel nachahmen solle?* Die deutsche Sprache ist für Thomasius eine wichtige Voraussetzung zur Neukonzeption von Lehrinhalten, zumal in Vorlesungen über die „Mängel der aristotelischen Ethik“ (1688), die „Mängel der heutigen Akademien“ (1688) oder „Wie ein junger Mensch zu informieren sei“ (1689). Thomasius doziert in eleganter Kleidung, nicht mehr im Talar. Zeitungskenntnisse waren Bestandteile seiner Kollegien (Rühl 1999a, S. 91 f.). Zwischen Januar 1688 und April 1690 ediert Thomasius die *Monats-Gespräche* (Kurztitel), die erste deutschsprachige, gelehrt unterhaltende Wissenschaftszeitschrift, in der religiöse, naturrechtliche, staatsgeschichtliche, literarische und philosophische Fragen diskutiert, vor allem philosophisch-wissenschaftliche Bücher rezensiert werden. Gesellschaftspolitisch kämpft Thomasius gegen Vorurteile, Intoleranz, Aberglaube, Ketzerverfolgung, Anwendung der Folter und Hexenjagd. Sein ständiger Konflikt mit der protestantischen Orthodoxie an der Universität Leipzig (Schröder 1999; Bloch 1953) erreicht am 10. März 1690 einen Höhepunkt. Thomasius trifft das Lehr- und Schreibverbot. Er übersiedelt ins brandenburg-preußische Halle, wo er mitwirkt an der Gründung einer neuen Universität. Christian Thomasius präsentiert 1701 eine Schrift über „die neue Erfindung einer wohlgegründeten und für das gemeine

Wesen höchstnöthigen Wissenschafft". Die Wissenschaft soll durch zirkulär verlaufende Kommunikation eine „vernünftige Liebe" zwischen den Menschen herstellen, in der Erwartung, die Verdorbenheit und die Verfälschungen aufzuklären, deren Wurzeln Thomasius im bösen Willen vermutet. Er unterscheidet noch nicht grundsätzlich zwischen Glauben und Wissen. Der Mensch benötige neben Vernunft die Gnade Gottes, und als Ethik die Kunst, vernünftig und tugendhaft zu lieben, als Mittel für ein glückliches, galantes, politisches und fröhliches Leben (Kieslich 1963b, S. 106).

Das *Publiciren* manufakturell hergestellter Zeitungen und Zeitschriften als Mittel des *publicq machens* veränderten die europäischen Adelsgesellschaften. *Freiheit* ist für Thomasius (1994, S. 458 f.) Voraussetzung für den wissenschaftlichen Fortschritt und für mögliche Kommunikation in einer unabhängigen Wissenschaft: „Es ist ungebundene Freyheit, ja die Freyheit ist es, die allem Geiste das rechte Leben giebet, und ohne welche der menschliche Verstand, er möge sonsten noch so viel Vortheil haben als er wolle, gleichsam todt und entseelt zu seyn scheinet." Christian Thomasius öffnet sich der Welt ohne große Vorbehalte. Für Ernst Bloch (1953) ist Thomasius der „deutsche Gelehrte ohne Misere", die „Anti-Perücke schlechthin". Die Konstellation Mensch-Kommunikation-Gesellschaft-Freiheit macht das thomasianische Werk für die Publizistikwissenschaft *klassisch* in dem Sinn, dass wissenschaftliche Theorien für Gegenwarts- und Zukunftsprobleme wissenschaftsfähige Lösungen anbieten können (Rühl 1995, S. 300).

1.2 Kaspar Stieler unterscheidet Kommunizieren von Publizieren und fordert das Zeitunglesen zur Förderung der Privatklugheit des Politicus

Zwischen dem Westfälischen Frieden von 1648 zur Beendigung des 30-jährigen Krieges und der Französischen Revolution von 1789, prägt der Absolutismus die Länderhoheiten durch den Merkantilismus als makroökonomische Leitform. Im Auftrag des „staatsklugen Fürsten" soll der Staatsapparat das öffentliche Wohl fürsorglich ausüben. Arme, Arbeitslose, Kranke, Müßiggänger und Wahnsinnige werden in öffentlichen Anstalten (Hospitälern, Gefängnissen, Arbeitshäusern) verwahrt. Das Wirtschaften, die Glückspiele und das Herstellen von Zeitungen gelten als öffentliche Aktivitäten, die dem Reglement der Polizeiordnungen unterstehen. Die Geschichte der wöchentlich erscheinenden Zeitungen beginnt anfangs des 17. Jahrhunderts mit den *Relationen* in der Reichsstadt Straßburg und mit dem *Aviso* in der Residenzstadt Wolfenbüttel. Zeitungen thematisierten Kriege, Schlachten, Katastrophen, Unglücke, Gewalttaten und Kuriositäten, fürstliche

Geschlechterfolgen, Konzile, Reichstage und Messen. Mit dem Buchdruck als Schlüsseltechnologie werden seit dem 15. Jahrhundert im *Typographeum* neue Kommunikationsverhältnisse geschaffen, teils handwerklich, teils manufakturell (Giesecke 1991, S. 63 ff.).

Die Inhalte der Zeitungen werden von Autoritäten unterschiedlich beurteilt. Ahasver Fritsch, Verfasser von Erbauungsliteratur und Kirchenliedern, war Kanzler am kleinen thüringischen Hof von Schwarzburg-Rudolstadt. Fritsch appellierte als juristischer Autor in lateinischer Sprache an die Regierenden, das wahllose Verbreiten und Bekanntmachen der Zeitungen zu zügeln, ja zu untersagen. Johann Ludwig Hartmann, lutherischer Theologe, erst Rektor des Gymnasiums, dann Superintendent in Rothenburg ob der Tauber, eiferte gegen die Hauptsünden Tanzen, Saufen und Spielen und gegen den Zeitungsteufel. Rationaler argumentierte der Philosoph, Polyhistor, Philologe, Pädagoge und Schriftsteller Christian Weise, der als Rektor des Gymnasiums in Zittau das Deutsche als Unterrichtssprache einführt und Zeitungen als Lehr- und Lernmittel einsetzt (Groth 1948).

Kaspar Stieler (1632–1707), in Erfurt geboren und gestorben, studiert an vier Universitäten die klassischen Fächer Medizin, Theologie, Recht und Eloquenz. Er führt ein mitunter abenteuerliches Erwerbsleben in mehreren Ländern Europas, nicht zuletzt um dreizehn Kinder aus zwei Ehen zu ernähren. Stieler war Hofmeister, Söldner, Kammerherr, Theaterschriftsteller, Pagenlehrer, Zeitungsvorleser bei Hofe, Autor von Ratschlagsbüchern, Universitäts- und Gerichtssekretär – nie Professor an einer Universität. Als Sprachforscher und Literaturwissenschaftler hinterlässt Kaspar Stieler ein thematisch breitstreuendes Werk (Conter 1999). Kurz vor seinem Tod wird er von Kaiser Joseph I. in den erblichen Adelsstand erhoben. Sein Ratschlagsbuch *Zeitungs Lust und Nutz* (Kurztitel) enthält ein Glossar für jene Leute, „so kein Lateinisch noch andere Sprachen“ können. Ihnen sollte geholfen werden, die „in den Zeitungen gemeiniglich vorkommenden fremden und tunkeln Wörter“ besser zu verstehen. Stieler unterscheidet *Communiciren* von *Publiciren*:

> Communiciren, eigentlich: gemein machen/hernach mitteilen/zur Unterredungen und Wissenschaft einreichen. In der Kirchen heist es: zum heiligen Abendmal gehen. Daher komt Communication, Gemeinmachung/Mitteilung/Unterredung. (Stieler 1969, S. 187)
>
> Publicq, offenbar. Von Publiciren/kund machen. Daher Publication, Eröffnung. (Stieler 1969, S. 222)

Über seine publizistische Studie schreibt Stieler (1969, S. 28, 37):

> Wir handeln aber alhier einzig und allein von denen gedruckten Zeitungen/die zum öffentlichen Kauf liegen und deren Exemplarien hin und wieder aufs Land und sonsten verschicket werden […] Unterdessen ist keine geringe Kunst/Zeitungen zu schreiben/daß es eine Art habe/und wird manche gute Benachrichtigung von den Postmeistern ausgelassen […] wenn derselbe keinen guten Samler zur Hand hat/der sowol die Ordnung/als die Red-Art verstehet.

Zeitungen sind für Stieler lesbare, vor allem vorlesbare Werke, die als Ware kommerzialisierbar werden. Beide, Christian Thomasius (2002) und Kaspar Stieler (1969), ziehen die *Privatklugheit* der *Staatsklugheit* vor. In einer künftigen *Stats-Handels- und Bürgerl. Gesellschaft* soll jeder durch Zeitunglesen ein *Politicus* werden können. Die fünfzig bis sechzig deutschsprachigen Zeitungen um 1700 (Meyen und Löblich 2006, S. 74) sieht Stieler von unterschiedlichem Nutzen „bey der Kaufmannschaft […] bey grosser Herren Höfen […] im Krieg […] bey der Kirche […] auf hohen Schulen […] im Frauen-Zimmer […] im Hause […] auf der Reise […] in Unglücksfällen […] beym Trunke und Zusammenkunften […] bey der Statskunde Beflissenen insonderheit". Ständige Zeitungsbezieher waren Höfe, Ämter, Gymnasien, Universitäten, Klöster und Lesegesellschaften.

Kaspar Stieler formuliert eine *Lesepolitik*, die alle Stände zum lustvollen und nützlichen Zeitunglesen und zum Verstehen der Welt veranlassen soll. Das Vorlesen der Zeitungen hält Stieler für notwendig, weil die meisten Menschen des Lesens unkundig sind. Der Inhalt von Zeitungen soll hilfreich sein beim Entfalten der Sinnverständnisse durch Vernunft, Erfahrung und Welt(er)kenntnis im gesellschaftlich-politischen Alltag.

> Wir ehrliche Leute/die wir itzt in der Welt leben/müssen auch die jetzige Welt erkennen: und hülft uns weder Alexander/Caesar/noch Mahomet nichts/wann wir klug sein wollen. Will aber wer klug seyn und werden/wo er anders in der Stats-Handels- und Bürgerl. Gesellschaft leben will/so muss er die Zeitungen wissen/er muß sie stets lesen/erwägen/merken/und einen Verstand haben/wie er mit denenselben umgehen soll. (Stieler 1969, S. 4)

Stieler propagiert ein *bürgerliches Zeitunglesen* für eine bessere Lebensführung. Er unterscheidet das Schreiben von Zeitungen von der Geschichtsschreibung. Das Zeitungswesen will er in die Staatsbildung einbeziehen. Wer keine Zeitung liest bleibt „immer und ewig ein elender Prülker und Stümper in der Wissenschaft der Welt und ihrem Spielwerk". Der „Zeitungen Notwendig- und Nutzbarkeit" relativiert er im Hinblick auf ihren Wahrheitswert: „Nicht alles/was in Zeitungen stehet/ist bedenkens wehrt" (Stieler 1969, S. 118). Kaspar Stieler projiziert die Zeitungspublizistik auf die Ökonomik seiner Zeit, die seit Aristoteles das Hauswesen (und nicht den Markt) als Bezugssystem gewählt hatte. Stieler sieht in einer künftigen bürgerlichen Gesellschaft die Produzentin variablen Wissens für Zeitungen. Die *Novellen* würden der politischen Unterweisung der Prinzen und Pagen dienen, die darüber kommunizieren. Aber nicht nur sie.

> Sitzen doch Lackayen/Stallknechte/Kalfacter/Gärtner und Torhüter beysammen/und halten ihr Gespräch aus den Avisen. Und diese Leute bringen am ersten eine neue Märe in die Stadt/nebst denen Boten/so etwa an einen benachbarten Hof mit Briefen

> abgeschicket gewesen/und mit Zeitungen so beladen wiederkommen/daß ihnen Zeit und Weile lang wird/ehe sie sich daheim solcher Last entledigen können: Also/daß sie oft stölzer/als der Bürgermeister in der Stadt seyn/weil sie sich weit mehr/als er/in Statsachen zu wissen und erfaren zuhaben einbilden/zumal/wenn lüsterne Leute um sie herum treten/sie befragen und ihnen einen Trunk zu spendiren versprechen. Siehet man doch nur sein Wunder in allen Städten/was vor ein Geleufe nach dem Post-Hause in den Zeitungs-Tagen ist; ärger/als wenn man Spende austeilete etc. (Stieler 1969, S. 79)

Von „Privat Sachen und Lumpen Sachen" in öffentlicher Kommunikation hält Stieler wenig. Am Ende des 17. Jahrhunderts werden *Intelligenzblätter* typisch, mit Stellen- und Suchanzeigen, Bücheraktionen, Anzeigenwerbung für Gasthäuser, Heilkundige, Pädagogen und für öffentliche Bekanntmachungen von Marktterminen, neuen Postverbindungen, Lotterienachrichten und Steckbriefen. Im aufgeklärten Absolutismus entsteht eine Zeitungsmischung aus kommerziellen und amtlichen Informationen, die in der Stadt verbreitet werden. Deutsche Zeitungen erscheinen vorzugsweise in Städten, wo das Rathaus Informationen lieferte und kontrollierte, weniger das Schloss. Wegen der wechselseitigen Abhängigkeit sind servile Hofblätter die Ausnahme. Noch sind Zeitungsinhalte weit davon entfernt, liberale, republikanische Kampf- oder Gesinnungsblätter zu werden.

2 Industriegesellschaft – Verfassungsstaat – freiheitliche Publizistik

„Noch universalistischer als der realistische Roman, die Statistik und die empirische Gesellschaftsbeschreibung verbreitete sich im 19. Jahrhundert die Presse" (Osterhammel 2009, S. 63). Seinerzeit wird der Begriff *bürgerliche Gesellschaft* als „Bourgeoisegesellschaft" verstanden, dem das „Proletariat" gegenübergestellt wird, mit klassenpolitischen Akzenten (Riedel 1979, S. 771). Setzte Aristoteles *Staat* und *bürgerliche Gesellschaft* in eins: *Koinonia politike* (Luhmann 1971, S. 7), dann entwirft Hegel (1986, §§ 22, 23) eine *Staatsgesellschaftstheorie* mit der Familie als „natürliche Gesellschaft" und dem Staat als „Gesellschaft von Menschen unter rechtlichen Verhältnissen". Für Hegel ist der Mensch durch Bedürfnisse und Arbeit mit anderen verbunden. „Der Mensch gilt so, weil er Mensch ist, nicht weil er Jude, Katholik, Protestant, Deutscher, Italiener usf. ist" (Hegel 1995, § 209).

Im letzten Viertel des 18. Jahrhunderts entstehen die ersten *Verfassungen* als allgemeine Formen der Politikregelung, gerichtet gegen die angestammte monarchische Staatsgewalt (Grimm 1988). Wird der Bürger als *bourgeois* verstanden, dann erhält das Adjektiv *bürgerlich* einen vorwiegend „sozialen Verwendungssinn" (Riedel 1979, S. 779). Es ist die Aufgabe der Verfassung, staatliche Eingriffe in bürgerliche Lebensbereiche zu begrenzen und dafür strikte Regeln und Regelungen zu entwerfen. Ständische Relikte wie „das Duell zur Wahrung der Ehre" oder „die standesgemäße Heirat" bleiben länger erhalten. Das Privileg der Abstammung als gesellschaftliches Unterscheidungsmerkmal wird zunehmend abgelöst vom Prinzip der beruflichen Leistung. Noch versucht der Adel Vorrechte und Lebensformen zu behaupten, da nehmen monetäre Vermögen aus industriellen Produktionen ihren Platz ein, um gesellschaftliche Stellungen und Sozialprestige neu zu bestimmen. Drei *Funktionseliten* formieren sich: (1) Akademisch gebildete Beamte und Offiziere, (2) ein innovationsfreudiges, industriell-kaufmännisches Unternehmertum, und (3) Freie Berufe: Ärzte, Apotheker, Architekten, Ingenieure, Anwälte und Notare, die durch Ausbildung, Examen und Zulassung zur Berufs-

M. Rühl, *Publizistikwissenschaft erneuern*, essentials,
DOI 10.1007/978-3-658-12840-1_2

ausübung privilegiert und staatlich kontrolliert werden. Von Freien Berufen wird professionelle Selbstverpflichtung [self-commitment] erwartet. Es bildet sich eine *Mittelschicht* aus selbständigen Handwerkern, Kaufleuten, Volksschullehrern, Werkmeistern, „kleinen und mittleren Beamten“ von Post, Eisenbahn, Polizei und öffentlicher Verwaltung. Die *Unterschicht* bildet das Proletariat mit einem Leben, das vorwiegend vom Lohn ungelernter Fabrikarbeit abhängt. Gegensätze zwischen Stadt- und Landleben behindern soziale Wechselbeziehungen. Besonders lösungsbedürftig wird die *soziale Frage*, die Missstände und Verelendung des städtischen Proletariats beleuchtet. Probleme der Arbeitsteilung, der Hörigkeit, Differenzen zwischen Arbeit und Kapital, zwischen Arbeit und Freizeit werden für sozialwissenschaftliche Analysen bedeutsam.

Über die Jahrhunderte wurde ein ziemlich gleiches Weltbild mündlich tradiert. Das Volk hatte keine Geschichte im Sinn einer schriftlich fixierten, systematischen Beschreibung der Taten, Erfolge und Niederlagen seiner Vorfahren. Ihre Geschichte als orale Überlieferung in Form von Anekdoten und Einzelerlebnissen war auf die Alltagswelt bezogen, auf Sitten und Gebräuche, eventuell auf ein Kulturerbe illustrierter, kommentierter und wiederholt gelesener Texte (Filipović 2007), namentlich die Hausbibel. Für die Alphabetisierung [literacy] der Bevölkerung ist das Verbot der Kinderarbeit (in Preußen ab 1839) wichtig geworden. Schulsteuer und Wehrdienst wurden bürgerliche Grundpflichten. Der Gebrauch des Lesens blieb dem Einzelnen überlassen, auch die Erkenntnis eines *Selbst* bzw. die Entwicklung eines *Selbstbewusstseins*, gegen Widerstände aus der sozialen Mitwelt. Die *Lese(r)-Revolution in Deutschland* ging von der bürgerlichen Aufklärung und der Gefühlskultur der oberen Bildungsschichten aus. Zu Beginn des 19. Jahrhunderts soll zwischen Lesern und Nichtlesern ein Verhältnis von 1:3 bestanden haben. Zwischen 1821 und 1843 verdreifachte sich die Buchproduktion (Nipperdey 1993, S. 588), und bei der Reichsgründung von 1871 hatte sich das Leser/Nichtleser-Verhältnis in 3:1 umgekehrt. Klagen über „Lesesucht“ und „Lesewut“ richteten sich auf finanziell leicht zugängliche Lesestoffe zur Befriedigung von Unterhaltungsinteressen (Schenda 1976, 1977). Alle sollten Lesen, Schreiben und Rechnen können, alle sollten die Religion und die vaterländische Geschichte kennen. Besorgnis erregten in konservativen Kreisen Bestrebungen der Arbeiterbildung. Der Kampf für eine gerechtere Gesellschaft stand unter der Sentenz *Wissen ist Macht – Macht ist Wissen* (Liebknecht 1890). Die neuen *Communicationsmittel* Eisenbahn und Telegraph wurden Mitgestalter der Publizistik (Knies 1853, 1857). Hinzu kamen in geringer werdenden Abständen Telephon, Grammophon, Rotationspresse, Schreibmaschine, Setzmaschine, elektrisches Licht, Automobil, Flugzeug, Film, Radio, Rechenmaschine und Vorformen des Computers (Corn 1986). Sie alle galten als Garanten des Fortschritts.

Die emergierende sozialwissenschaftliche Theoriebildung verweist auf begriffliche Spannungen und Vermittlungen zwischen Wissenschaft und Gesellschaft. Noch war keine eigenständige Publizistikwissenschaft in Sicht, als das *täglich Neue* der eigenen Zeit und der eigenen Gesellschaft in der Presse besondere Beachtung findet (Stöber 2005, S. 164). Eine *technologisch-medialisierte öffentliche Kommunikation* verändert seither das sinnmachende Informationsvermögen in den publizistischen Ausprägungen Journalismus, Werbung, Propaganda, Public Relations und anderen (Rühl 2000a, b). Die *Kritik*, im 18. Jahrhundert zentrale Kategorie der Vernunftkontrolle, gewinnt im 19. Jahrhundert neue Bedeutung in Schule und Presse. Ein vielfältiges Räsonieren in der Tagespresse wird zur Regel.

Bis zur Reichsgründung streiten unterschiedliche politische Kräfte mit- und gegeneinander. Die nach 1849 verbotenen politischen Parteien hatten sich als Strömungen neu formiert, und die Zeitungen thematisierten politische, wirtschaftliche, soziale, technische und religiöse Auf- und Umbrüche mit politisch-ideologischen Linien (Koszyk 1966). Die massenhaft verbreitete *Generalanzeiger-Presse* wird satz-, druck- und vertriebstechnisch möglich und finanzierbar – vorwiegend durch Anzeigenteile, die verlagseigene Geschäftsinteressen fördern. Das Zeitschriftenwesen dokumentiert ein breites Orientierungsspektrum. Da gibt es bürgerlich-politische und kulturelle Zeitschriften (*Der Grenzbote*, *Preußische Jahrbücher, Westermamms Monatshefte,* Cottas *Morgenblatt für gebildete Stände*), satirische Zeitschriften (*Fliegende Blätter*, *Kladderadatsch*), Zeitschriften für das liberale Kleinbürgertum der Turner, Schützen und Chorsänger, und illustriert unterhaltende Familienzeitschriften (*Gartenlaube, Über Land und Meer*, *Daheim*). Die zunehmende gesellschaftliche Differenzierung durch Industrialisierung, Verstädterung, Technologisierung und Demokratisierung machte die Presse zur publizistischen Institution einer sich neu formierenden bürgerlichen Gesellschaft. Otto von Bismarck, der erste Reichskanzler, lässt die Bereitschaft zu einer manipulativen Pressepolitik erkennen (Koszyk 1966, S. 229 ff.), auch die auf kommunaler Ebene entstehenden „Preßbüros" persuadieren und manipulieren.

Viele praktische Presseprobleme laufen dem Generalthema: *Freiheit von staatlichen und kirchlichen Zwängen* diametral entgegen. Der Kampf um die *Pressefreiheit* verleiht dem allgemeinen Freiheitsstreben entscheidende Impulse. Pressefreiheit als Gnadenerweis eines „guten Königs" lehnt Ernst Moritz Arndt (1818, S. 89) vehement ab: „Da klingt es immer Gnade, Gnade und alles aus Gnaden und nichts aus einem Rechte." Der Aufstand der amerikanischen Kolonien gegen Großbritannien, die Unabhängigkeitserklärung von 1776, die Verfassung der Vereinigten Staaten von Amerika von 1787 hatte im *Ersten Zusatzartikel* [*First Amendment*] zur Verfassung von 1791 die Verankerung von Redefreiheit, Freiheit der Religionsausübung, Pressefreiheit, Versammlungs- und Petitionsfreiheit als *Sozial- und Individualrechte* zur Folge:

> Der Kongress darf kein Gesetz erlassen, das die Einführung einer Staatsreligion zum Gegenstand hat, die freie Religionsausübung verbietet, oder die Redefreiheit, oder die Pressefreiheit, oder das Recht des Volkes einschränkt, sich friedlich zu versammeln und die Regierung durch Petition zu ersuchen, Missstände abzustellen.

Im Deutschen formulierte der Dichter, Schriftsteller und Übersetzer Christoph Martin Wieland (1785) die *Pressefreiheit* als *fundamentales Menschenrecht*:

> Freiheit der Presse ist Angelegenheit und Interesse des ganzen Menschengeschlechtes. Dieser Freiheit hauptsächlich haben wir den gegenwärtigen Grad von Erleuchtung, Kultur und Verfeinerung, dessen unser Europa sich rühmen kann, zu verdanken. Man raube uns diese Freiheit, so wird das Licht, dessen wir uns jetzt erfreuen, bald wieder verschwinden; Unwissenheit wird bald wieder in Dummheit ausarten, und Dummheit wird uns wieder dem Aberglauben und dem tyrannischen Despotismus preisgeben.

Heute setzt der Begriff *Pressefreiheit* Verständnisse differenzierter Sozialordnungen mit einer entsprechenden Publizistik voraus. Vertraut wird im Alltag funktionsgerechten Begrenzungen durchsetzungsfähiger Themen durch Redaktionen als organisierte soziale Systeme (Rühl 1969a). Eine freiheitliche Publizistik wird auf Dauer praktiziert mit den weltgesellschaftlichen Funktionssystemen Familie, Haushalt, Politik, Wirtschaft, Wissenschaft, Kunst, Erziehung, Religion, Sport usw. Selbststrukturierte Redaktionen unterliegen gesellschaftlichen Einschränkungen [constraints] im publizistischen Dauerkreislauf der Produktion, Distribution und Rezeption (Rühl 1999a, S. 113 ff.).

2.1 Albert Schäffle entdeckt Publizistisches in freiheitlichen Sozialitäten

Albert Schäffle (1831–1903) wird als Theologiestudent im ersten Semester wegen Unterstützung der badischen Revolution vom Tübinger Stift zwangsexmatrikuliert. Der neunzehnjährige Schäffle (1905, Bd. 1, S. 43) arbeitet daraufhin als Auslandsredakteur des *Schwäbischen Merkur* in Stuttgart und studiert autodidaktisch Nationalökonomie, Jurisprudenz, Staats-, Verwaltungs- und Technikwissenschaften anhand der Publikationen von Karl Heinrich Rau, Friedrich List, Bruno Hildebrand und Johann Caspar Bluntschli. Schäffle macht sich als Publizist „einen gewissen Namen" und wird 1860 von der Universität Tübingen auf den Lehrstuhl für Nationalökonomie, Politik, Staats- und Polizeiwissenschaft berufen. Von 1862 bis 1865 ist er zudem Abgeordneter im württembergischen Landtag. Er wechselt 1865 als Professor für Nationalökonomie an die Universität Wien und wird 1871 für acht Monate k. u. k. Minister für Handel, Gewerbe und Ackerbau. Nach dem

Sturz des Kabinetts Graf Hohenwart zieht sich Schäffle nach Stuttgart zurück, fest entschlossen, nur noch über Probleme der Wirtschaftstheorie, der Wirtschafts- und Sozialpolitik und der Soziologie zu publizieren, in integrativer Absicht und gegen das „Gehäuse der alten Systematik und Begriffe". Mehr als vierzig Jahre redigiert Schäffle die *Zeitschrift für die gesamte Staatswissenschaft*. Unter dem Titel *Ueber die volkswirtschaftliche Natur der Güter der Darstellung und der Mittheilung* veröffentlicht Schäffle (1873) ein sozialwissenschaftliches Theorieprogramm, unter Verwendung der Begriffe Kommunikation, Handeln, Organisation, Öffentlichkeit, Verkehr, Industrie, Volk und Gesellschaft. Schäffle (1875a) beobachtet zivilisatorische Vorformen der *Weltgesellschaft* (Luhmann 1975b, S. 51). Er sucht nach theoretischen Grundlagen für praktische Lösungen *des Sozialen*, insbesondere für *sozialpolitische Probleme* wie Arbeiterfrage, Zoll- und Handelsunion, Bekämpfung des Wuchers, Genossenschaftsbewegung und freie Publizistik. Umweltorientiert führt Schäffle wirtschaftliche, soziale und publizistische Probleme zusammen, sodass Soziologen, Politik- und Publizistikwissenschaftler den „politischen Professor und professoralen Politiker" (Lerg 1970, S. 106) gleichermaßen als Mitbegründer ihrer Disziplin in Anspruch nehmen. Schäffle (1870) definiert Kapitalismus distanziert als „einzigen nationalen und internationalen Productionsorganismus, unter Oberleitung ‚unternehmender', um den höchsten Unternehmungsgewinn concurrirender Kapitalisten". Schäffle (1885) unterscheidet *nützliche Güter* wie Nahrung, Kleidung, Wohnung und Mittel der Produktion und der Konsumtion von *symbolischen Darstellungsgütern* wie Vortrag, Buch, Kunstwerk, schauspielerische Darstellung, Musikproduktion, Unterhaltungsmittel und Publizistik. Symbolische Darstellungsgüter formen und gestalten die Gesellschaft, sie steigern die soziale Bestimmung der Menschen, während umgekehrt die Entwicklung der Gesellung der Menschen von der Entwicklung der Symbolgüter abhängt.

> Der Fortschritt der Gesellung unter Menschen, die Entwicklung der Culturgemeinschaft, insbesondere die Entwicklung sittlicher Gemeinschaft in den idealen Culturbereichen hängt ab von der Ausbildung der symbolisirenden Technik und von der reichlichen Versorgung mit immer vollkommnäheren symbolischen Gütern, von der Ausbildung aller Formen der Kommunication für den geistigen Verkehr in Erkenntnissen, Würdigungen und Entschlüssen. (Schäffle 1873, S. 6).

Schäffle (1906, S. 129 ff., 173 ff., 198 ff.) unterscheidet eine *Personenlehre* von einer *Organisationenlehre*, und er widmet der *Kommunikation* als sozialem Bindemittel viel Aufmerksamkeit. Er unterscheidet „physische Personen" in ihrer „individuell-anthropologischen" Bestimmung von „socialen Selbstwesen (Personen im socialen Sinne)" als „Combination von menschlichen Handlungen und Vermögensnuzungen". In „socialen Äußerungen (wird) kein einziges Individuum als nackte physische Person tätig". Alle wirken „durch einen ärmlichen oder reichen Apparat äußerer Hilfsmittel, d. h. als Mittelpunkt irgendeiner complexeren Veranstaltung" als „social selbständige Einheiten" (Schäffle 1875b). In Schäffles Gesellungsanalyse werden rollenähnliche Konstruktionen wie „Nachbar, Mitarbeiter, Lebensgenosse" auf Kommunikationswegen, mit dem sozialen Gesamtleben, durch vielseitige Gedanken, Gefühle und willentlichen Entschlüssen erläutert (Rühl 1969a, S. 37 ff.). Der Analyse neuer Gemeinschaften (Heere, Schulen, Kirchen) nähert sich Schäffle (1905, Bd. 2, S. 123) bedacht, mithilfe von Organismusvorstellungen.

In der *Organisation* sieht Albert Schäffle den Grundbegriff *symbolischen Handelns*, getragen von einem gemeinsamen Bewusstsein beim Entstehen intersubjektiver Handlungs- und Wirkeinheiten. Die Gesellschaft wird Inbegriff organisatorischer Formen und Vorgänge (Schäffle 1875a, S. 731 ff.). Mit dem Fortschreiten der Gesellschaft entsteht ein wachsender Bedarf an Kommunikation. Kleine, geschichtslose, oral kommunizierende Gemeinschaften verfügen über kein „höheres allgemeines Wissen", keine „weithin gleichartige werthbestimmende öffentliche Meinung" und keine „Zusammenfassung zu großer Gemeinschaft des Wirkens". Es entsteht keine eigenständige öffentliche Kommunikation. Für Schäffle (1875a, S. 398) ist das *Volk* eine autarke, innerlich und äußerlich zusammenhängende, auf sich selbst bezogene, sich selbst genügende Lebensgemeinschaft. Sozialräume (Ortschaften, Marken, Gaue, Landschaften, Reiche) werden vom *Volkstum* bestimmt und geprägt. *Gesellschaft* beschreibt Schäffle als ein psychophysisches Gewebe. *Publizistik* ist für ihn eine Vernetzung publizierender Institutionen. „Im Journalismus, im Versammlungswesen, an der Tribüne und Kanzel und an anderen Veranstaltungen der Publicität sehen wir ganz klar die Leitungsbahnen und Ausbreitungswege des socialen Nervenstromes." Menschen bilden Knotenpunkte, wenn sie rollenähnlich als Absender oder Empfänger operieren. Die „Verknüpfung mannigfaltiger einzelmenschlicher Geisteskräfte, ihrer Nervensysteme und zugehörige äusseren Gütermassen und Apparate" nennt Schäffle den *Volksgeist*. Jeder Mensch ist Teil verschiedener Bewusstseinskreise, deren Wechselwirkungen die Gesamtorganisation des Volksgeistes ausmachen.

Im Verlauf des 19. Jahrhunderts erhält der Begriff *Öffentlichkeit*, neben den Sachbedeutungen *Publizität* und *Bekanntheit*, soziale Bedeutung als *Publikum* (Hölscher 1978, S. 464; Ronneberger und Rühl 1992, S. 193 ff.). Darauf verweisen Umschreibungen wie „in die Öffentlichkeit flüchten" oder „ein Thema in der Öffentlichkeit diskutieren". Schäffle versteht *Öffentlichkeit* als ein soziales und gleichzeitig psychisches Phänomen, als „eine über alle gesezgeberische Willkür erhabene socialpsychologische Naturnothwendigkeit [...] Im engeren Sinn ist Öffentlichkeit eine Ausbreitung social wirksamer Ideen über die Grenzen jenes Kreises hinaus, welche berufsmäßig die betreffend geistige Arbeit durchzuführen hat". *Publikum* wird als „Gegenstand der geistigen Bearbeitung und Resonanzboden aller leitenden und führenden geistigen Kräfte" charakterisiert, als „formlose Reaktion der Masse" (Schäffle 1875a, S. 446, 448). *Publikum* ist eine Menge, die öffentlich (und körperlich) auf Straßen und Plätzen zwanglos anwesend ist und zum Gegenstand der geistigen Bearbeitung wird. Aus dieser Passivität erhebt sich das Publikum nur bis zu einer gewissen Resonanz, deren Ton die Stimmung anzeigt und Rückwirkungen auf leitende Kräfte hat (Schäffle 1875a, S. 451 f.). Die *öffentliche Meinung* ist für Albert Schäffle (1875a, S. 452 ff.) das Objekt der Meinungsführer. Die „Masse des socialen Körpers [verhält] sich weder blos passiv (tot) zum geistigen Führer, dem sie vielmehr mit ihrer Einsicht, ihrem Vertrauen, ihrem Willen Aufklärung, Zuversicht und Nachdruck verleihen muss". Schäffle (1875a, S. 434) hält von der öffentlichen Meinung als „Product tonangebender Geister und zustimmender Massen" wenig. Die Presse kann helfen, die öffentliche Meinung zu machen, aber die öffentliche Meinung ist nicht der Presse zu entnehmen. Die Parlamentarier hätten die höhere Aufgabe, die Stimmung zu leiten. Schäffle versteht *Kommunikation* als Transport austauschbarer Güter, Zeichen, symbolhafter Formulierungen und Lautgebung, abstrahiert als Reden, Mimik und Gestik, individuell oder gemeinschaftlich vollzogen, vorwiegend als Unterhaltung, Erbauung, Unterrichtung und Erziehung. *Öffentliche Kommunikation* hat für Schäffle einen volkswirtschaftlichen Tauschwert. Schritte kommunikativer Vermittlung sind mit gewerblichen Unternehmen verbunden. Er beobachtet persönliche Antriebsmomente durch Kommunikation, etwa „Begeisterung für Kunst und Wissenschaft", „amtliches Pflichtbewusstsein", „Furcht vor Strafe" oder „Eitelkeit und Ehrgeiz". Je intensiver öffentliche Kommunikation als symbolische Dienstleistung von „Mitteilungs- und Übertragungs-Anstalten" kontinuierlich und periodisch reproduziert wird, desto deutlicher werden Vorstellungen von einer gesellschaftlichen Steigerung der *Publizität* (Schäffle 1873, S. 32 f.).

Schäffle kennt Typographie, Photographie und Stenographie als Aufzeichnungsverfahren und er zerbricht sich den Kopf, wie verschriftlichte Schätze noch anders bewahrt werden könnten. In der *Tagespresse* vermutet Schäffle die mächtigste Persuasionsinstanz der Gesellschaft, nicht wegen der Intellektualität und Kreativität der Journalisten, sondern wegen organisierter Vermittlungen der Presse zwischen Bevölkerung und Führern. Das Gesellschaftsleben muss um intellektuelle Zentren koordiniert werden (Schäffle 1875a, S. 433). Er unterscheidet zwischen einer aktiven Autorität der Massenführung und einer passiven Autorität, die aus den Reaktionen der Massen auf ihre Führung erfolgt. Die intellektuellen und spirituellen Interaktivitäten der Gesellschaft erfolgen durch symbolische Interaktionen zwischen Führern und Massen. Journalisten, Rednern, Predigern oder Lehrern kommt gegenüber der großen Öffentlichkeit die Aufgabe zu, einen Ideenaustausch zu vermitteln. Den Einfluss der Presse auf die wissenschaftliche Forschung hält Schäffle für unbedeutend, da von der Presse keine neuen Ideen ausgehen würden. Für ihn ist der Journalist jemand, der denkt, fühlt und in den Tag hineinlebt, der jedoch mit intellektueller Arbeit mangels guter Bildung nicht vertraut ist. Wer statt Bücher nur Buchbesprechungen liest, der verliert die Kraft des Denkens. Da Journalisten allerdings die öffentliche Meinung zerstören, ändern oder neu bilden können, werden sie für politische Parteien, Börsenspekulanten und religiöse Propagandisten zunehmend interessant. In der *journalistischen Verberuflichung* sieht Schäffle eine publizistische Neuerung (Lerg 1970, S. 109). Berufe sind Voraussetzungen für das Entstehen eines neuen „Vervielfältigungsgewerbes" bzw. für „publicistisch geartete Industrien" und ein neues „Transport- und Communicationswesen".

In Wirtschaft und Politik beobachtet Albert Schäffle verschiedene Formen der Korruption und der Fälschung, die das geistige und psychische Wohlbefinden der Gesellschaft, insbesondere der Presse stören würden. Er empfiehlt eine *Pressereform*, die das Pressewesen vom Einfluss finanzieller Spekulationen und der Kontrolle durch die Werbung befreien soll. Pressefreiheit und Meinungsäusserungsfreiheit könnten nur dann in Produktion und Vertrieb ungestört durchgeführt werden, würden keine kapitalistischen und bürokratischen Erwartungen an ihre Stelle treten. Schäffle konnte sich vorstellen, die Gewinne aus dem Verkauf der Presseprodukte unter Schreibern und Redakteuren aufzuteilen. Dadurch werde der Journalismus auf ein neues Niveau gehievt. Hält der Ökonom Schäffle die Werbung für eine Vergeudung, dann befürwortet der Soziologe Schäffle die Entwicklung von Werbeinstrumenten. Es sei Aufgabe der Sozialwissenschaften, Degenerationserscheinungen des Journalismus und der Presse aufzuspüren. Schäffle hofft, dass der Fortschritt der Sozialwissenschaften die Korruption der öffentlichen Meinung beendet (Hardt 1979, S. 65 ff.).

Letztlich hält Schäffle die *öffentliche Kommunikation* für eine notwendige Bedingung zivilisatorischer Entwicklung. Die *Presse* wird als soziale Vermittlerin von Ideen und als Führerin der öffentlichen Vermittlung bewertet, wenn der redaktionelle Teil der Zeitungen vom Werbeteil getrennt wird. Kreative Beiträge einzelner Journalisten werden gewürdigt, Das Pressesystem insgesamt könne in jedem Fall das Kommunikationsniveau der Gesellschaft steigern.

2.2 Karl Bücher unterscheidet Presse, Journalismus, Werbung und Propaganda in der sich differenzierenden Gesellschaft

Noch ist Karl Bücher (1847–1930) Gymnasiallehrer, als er die wirtschaftshistorische Studie *Die Aufstände der unfreien Arbeiter 143 – 129 v. Chr.* veröffentlicht (Bücher 1874). Seinen ersten größeren journalistischen Artikel schreibt er für die *Frankfurter Zeitung* über die Gründung des *Vereins für Socialpolitik*. Nach mehreren vergeblichen Anläufen gelingt es Leopold Sonnemann, dem Herausgeber der *Frankfurter Zeitung*, Karl Bücher als Redakteur zu verpflichten. Bücher erinnert sich: „Es gab viel Arbeit auf der Redaktion […] Das bewog mich besonders Buch über sie zu führen, und ich kann danach ausrechnen, dass ich vom 1. Oktober 1878 bis zum 31. Dezember 1880 nicht weniger als 325 solche Aufsätze verfasst habe" (Bücher 1981, S. 23 f.). Zwischen Redakteur und Verleger kommt es zu einem „Vertrauenskonflikt". Das Arbeitsverhältnis wird aufgelöst. Für Bücher blieb es „beschlossene Sache […] meine Kräfte der Volkswirtschaftslehre" zu widmen. Er wird von Albert Schäffle intellektuell und finanziell unterstützt. Sie hatten sich im *Verein für Socialpolitik* kennengelernt. „Als ich Schäffles Quintessenz des Sozialismus, die anfangs anonym erschienen war, eine Rezension gewidmet und ihrem wirklichen Verfasser die Urheberschaft auf den Kopf zugesagt hatte, war von Stuttgart ein Paket mit den vier Bänden von Bau und Leben des socialen Körpers gekommen, die dem Verfasser der Rezension übergeben werden sollten" (Bücher 1981, S. 11). Karl Bücher wird 1882 von der Universität München für Volkswirtschaftslehre und Statistik habilitiert. Unmittelbar danach wird er Professor in Dorpat (damals Russland). Von 1883 bis 1890 ist er Professor für politische Ökonomie und Finanzwissenschaft in Basel, von 1890 bis 1893 in Karlsruhe, und von 1893 bis 1917 Inhaber des Lehrstuhls für Volkswirtschaftslehre an der Universität Leipzig. Dort gründet Bücher als Emeritus das Institut für Zeitungskunde und entwirft einen Lehrplan für die Journalistenausbildung.

Karl Büchers Gesamtwerk ist nicht auf die Volkswirtschaftslehre zu reduzieren. Er gliedert die Wirtschaft stufentheoretisch als geschlossene Hauswirtschaft, Stadtwirtschaft und Volkswirtschaft. Seine sozialpolitischen Ableitungen und Bewertungen lokalisiert er zwischen Liberalismus und Sozialismus, innerhalb einer Tauschgesellschaft, in der Transport und Kommunikation bedeutsamer werden. Mit dem Buch *Arbeit und Rhythmus* beobachtet Bücher (1896) den menschlichen Rhythmus bei Arbeit und Spiel in allen Zivilisationen. Als Max Weber 1904 eine Amerikareise vorbereitet, interessieren ihn Büchers Ausführungen über Rassenbeziehungen in den USA, insbesondere der „Abschnitt mit Partituren und Texten afroamerikanischer Feldarbeitslieder" (Scaff 2013, S. 340). In Büchers (1893) *Die Entstehung der Volkswirtschaft* titelt ein Kapitel: *Die Anfänge des Zeitungswesens*. Er konzipiert die *Zeitung* als Nachrichtenfabrik eines kapitalistischen Wirtschaftsunternehmens, in dem Menschen erwerbswirtschaftlich organisiert arbeiten. Bücher untersucht Fragen des Unternehmensstandorts, der Probleme mit Eisenbahn, Telegraph und Telephon, Postzeitungsdienst, Vertriebsraten usw. Die *Presse* wird als vernetztes, durch Massenzirkulation marktförmig konkurrierendes System beschrieben, an dem viele gesellschaftliche Bereiche beteiligt sind. Bücher unterscheidet parteipolitische Presse, Generalanzeigerpresse, Heimatpresse und

Straßenverkaufszeitungen (Boulevardpresse) als Erwerbsunternehmen, die öffentliche Interessen vertreten:

> Schon äusserlich zerfällt heute jede Zeitung [...] in zwei mehr oder weniger voneinander geschiedene Teile. Dem redaktionellen und den Anzeigenteil, und beide sind in ihrem Wesen dergestalt einander entgegengesetzt, dass im ersteren allerdings öffentliche, im letzteren aber private Interessen verfolgt werden. Der redaktionelle Teil ist bloßes Mittel zum Zweck. Dieser besteht allein wegen dem Verkauf von Anzeigenraum; nur um für dieses Geschäft möglichst viele Abnehmer zu gewinnen, wendet der Verleger auch dem redaktionellen Teile seine Aufmerksamkeit zu, und sucht durch Ausgaben für ihn seine Beliebtheit zu vergrößern. Denn je mehr Abonnenten, umso mehr Inserenten. Sonst aber ist der redaktionelle Teil nur ein lästiges kostensteigerndes Element des Betriebes und wird nur deshalb mitgeführt, weil ohne ihn Abonnenten und in deren Gefolge Inserenten überhaupt nicht zu haben wären. ‚Öffentliche Interessen' werden in der Zeitung nur gepflegt, soweit es den Erwerbsabsichten des Verlegers nicht hinderlich ist (Bücher 1921).

In Zeitungen soll der redaktionelle Teil dem Gemeinwohl dienen, der Werbeteil partikularen Interessen. Für den Volkswirt Bücher ist *Reklame* (*Werbung*) eine wirtschaftliche Notwendigkeit, da sie Verbraucher über das Unternehmertum und über wirtschaftliche Fortschritte unterrichten würde. Werbeeinnahmen versetzen Zeitungsverleger in die Lage, Produkte zu verbessern und Preise niedrig zu halten. Auf der Suche nach Anfängen der Werbung stößt Karl Bücher auf Théophraste Renaudot, der im absolutistischen Frankreich des frühen 17. Jahrhunderts im *Bureau d'adresse et de rencontre* Angebots- und Nachfragelisten [*Feuilles du bureau d'adresse*] kostenpflichtig ausgelegt hatte (Rühl 1999a, S. 83 ff.). Bücher kann sich ein *Anzeigenblatt* unter kommunaler Kontrolle vorstellen, das kostenlos an Haushalte verteilt wird. Die lokale Werbung in der Heimatpresse soll reguliert werden. Der Parteienpresse soll die Werbung ganz untersagt werden. Bücher (1926, S. 243) unterscheidet *Werbung* von *Propaganda*: „Die Propaganda will Nachfolger für eine Idee oder eine Institution gewinnen, schließt dagegen Anstrengungen nach materiellen Gütern aus. Die Werbung [...] dient stets der Gewinnung von Kunden durch Gewinnzunahme." Als Bücher (1921) die Haltung deutscher Zeitungen während des Ersten Weltkriegs kritisiert, bekommt er es mit der militärischen Zensur zu tun.

Karl Bücher analysiert eine Fülle kommunikationspolitischer Probleme. Er beobachtet, dass sich Redaktionen zunehmend auf Nachrichten aus Wirtschaft, Wissenschaft, Politik, Technik und Börse konzentrieren, mehr und mehr kritische Genres veröffentlichen. Nach Bücher (1926, S. 57) ermöglicht die enorme Vielfalt kultureller und sozialer Presseinformationen eine umfangreiche Teilnahme am gesellschaftlichen Leben und an Gemeinschaftserlebnissen. Um Herstellungskosten zu senken empfiehlt er zentrale *Redaktionsgemeinschaften*. Für Abdruckrechte soll pro Exemplar eine Gebühr entrichtet werden. Presseforschung kann kulturelle Strömungen verfolgen, weshalb Archive und Sammlungen von Zeitungen in allen Ländern eingeführt werden sollen. Bücher (1926, S. 59) verweist auf Vorteile des Einübens kontinuierlichen Zeitunglesens. Der Zeitaufwand sei nicht geringzuschätzen. Das Lesen wichtiger Bücher könnte dadurch unterbleiben. Bücher (1903) opponiert die Buchpreisbindung, weil die Einführung fester Ladenpreise die Bücher verteuern und die Kartellbildung im Verlagswesen fördern würde. „Das Buch als Publikationsform wird nur als Kompendium, als Lesebuch, als Enzyclopädie und ähnliche Hilfen wissenschaftlicher Erziehung und Bildung bleiben" Bücher (1926, S. 60). Im Pressesystem beobachtet er Monopolisierungstendenzen, Korruption und Bestechlichkeit. Wie Albert Schäffle erkennt Karl Bücher in der Presse den Transmissionsriemen zwischen intellektuellen Kreisen und dem Volk. Die Presse sammle Informationen und Ideen in der Bevölkerung, und sie nimmt Einfluss auf die öffentliche Meinung. Die Presse insgesamt kann die Massen instrumentalisieren. „Es ist ein bekannter Trick der Demagogie, subjektive Ideen und besondere Interessen als Ideen und Interessen des Volkes anzubieten" (Bücher 1926, S. 53). Die Presse stehe „im öffentlichen Dienst" und sollte nationalisiert, also verstaatlicht werden, wie die Eisenbahn.

Für Karl Bücher ist die *Journalistenausbildung* wichtig. Die Journalisten verortet er gesellschaftlich zwischen den Beamten und den Geschäftsleuten. Journalisten sind durch Verlage in die Geschäftswelt des Kapitalismus einbezogen, ohne unmittelbar am Gewinn beteiligt zu werden (Bücher 1926, S. 147). Qualitätsjournalisten findet Bücher in großen Zeitungen, während die Menge der Journalisten für die Kleinstadtpresse arbeiten würde. Chefredakteure kleiner Zeitungen könnten unabhängiger arbeiten als die großer Konzerne. Bücher hält es für ein journalistisches Privileg, für viele Leser schreiben zu dürfen, ein Vorzug, der vergeudet werde, würden Journalisten in die Schriftstellerei abwandern. Die Ausbildung der Journalisten gruppiert Bücher (1921) um akademische Disziplinen, sodass sie für den politischen, wirtschaftlichen und literarischen Journalismus besser qualifiziert werden könne. Er vergleicht das *professionelle Wissen* der Theologen, Juristen, Lehrer und Ärzte mit dem Wissen der Journalisten. Hinter der *Anonymität* im Journalismus vermutet Bücher (1916) Ungenauigkeit, Sorglosigkeit, Unverantwortlichkeit, ja Respektlosigkeit gegenüber den Lesern. Er zitiert Arthur Schopenhauer: „Ein Hundsfott, der sich nicht nennt", und Bücher (1919, S. 231) erläutert: „Es muss immer klar sein, dass ein großer Leserkreis angesprochen wird, demgegenüber eine Verantwortung besteht für ihre Gedanken und Wünsche in öffentlichen Angelegenheiten." Darin wähnt sich Karl Bücher einig mit Heinrich Wuttke (1875); Franz von Holtzendorff (1879); Emil Löbl (1903); Robert Brunhuber (1907) und Tony

Kellen (1908). Journalistische Berufsfreiheit und intellektuelle Integrität sieht Bücher durch Pressekonzentration und Massenproduktion bedroht. Ein akademisches Studium als Zugangsbedingung zum Journalismus wird nicht befürwortet, eher ein zeitungskundliches Ergänzungs- oder Zusatzstudium. Der amerikanische College-Journalism seiner Zeit wird abgelehnt (Bücher 1915, S. 49).

3 Habermas kontra Luhmann und die Abklärung von Kommunikation/Gesellschafts-Verhältnissen

In der Kontroverse über Kommunikation/Gesellschafts-Verhältnisse (Habermas und Luhmann 1971) bezeichnet Jürgen Habermas (1971a) die Luhmannsche Systemtheorie als Hochform eines technokratischen Bewusstseins, geeignet herrschaftslegitimierende Funktionen zu übernehmen, zur kritiklosen Beugung der Gesellschaftstheorie und der Apologie des Bestehenden und seiner Bestandserhaltung. Der *vernunftrational* denkende Habermas setzt Ideale als konstitutive Ideen und reduziert Kommunikation auf die ideale Sprechsituation unverzerrter Kommunikation. Anders der *systemrational* denkende Luhmann. Er würdigt unterschiedliche Gesellschaftsverhältnisse in ihrer Problemhaftigkeit, fragt nach einer dahintersteckenden Ordnung und deren gesellschaftlichen Möglichkeiten. Der Gesellschaftstheoretiker Luhmann meint, die Habermassche Ideologiekritik gehe ihn nichts an: „Die eigentliche Crux der Systemtheorie ist nicht das Problem des sozialen Wandels und auch nicht das Problem des sozialen Konflikts, sondern das Problem der Gesellschaft" (Luhmann 1971, S. 21). Für Luhmann ist menschliche Kommunikation das raffinierteste Ausdrucksvermögen, deren Gelingen er für unwahrscheinlich hält (Luhmann 1981).

3.1 Jürgen Habermas: Radikaldemokratische Verständigung durch kommunikatives Handeln vernunftrationaler Subjekte

Habermas postuliert: Alle Erkenntnis baut auf Erfahrungen im Alltag, und Öffentlichkeit ist als *bürgerliche Öffentlichkeit* eine epochaltypische Kategorie. Im 18. Jahrhundert werden Herrschaft, Macht, Regierung und Verwaltung als öffentliche Gewalt wirksam. Der Staat tritt der bürgerlichen Gesellschaft gegenüber. Untertanen, bislang Adressaten obrigkeitlicher Bekanntmachungen, werden räsonierende,

M. Rühl, *Publizistikwissenschaft erneuern*, essentials,
DOI 10.1007/978-3-658-12840-1_3

kritisierende, fordernde und kontrollierende Subjekte der Öffentlichkeit, mit eigenen, vor allem wirtschaftlichen Interessen (Habermas 1990). Der Verfassungs- und Verwaltungsstaat kennt als Prinzip der politischen Ordnung eine „fungierende Öffentlichkeit", die Voraussetzung wird für den demokratischen Staat und für eine freiheitlich-demokratische Gesellschaft.

> Unter Öffentlichkeit verstehen wir zunächst einen Bereich unseres gesellschaftlichen Lebens, in dem sich so etwas wie öffentliche Meinung bilden kann. Der Zutritt steht grundsätzlich allen Bürgern offen. Ein Stück Öffentlichkeit konstituiert sich in jedem Gespräch, in dem sich Privatleute zu einem Publikum versammeln [...] Als Publikum verhalten sich die Bürger, wenn sie ungezwungen, also unter der Garantie, sich frei versammeln und vereinigen, frei ihre Meinung äußern und veröffentlichen dürfen, über Angelegenheiten allgemeinen Interesses verhandeln. (Habermas 1971c, S. 220)

Habermas (1994) kritisiert politische Verständigungsverhältnisse in Gegenwartsgesellschaften aus der Position *subjektzentrierter Vernunftrationalität*. Die Konfrontation von Macht, Diskurs, Vernunft und Herrschaft steht im Zentrum seiner Auseinandersetzungen. *Herrschaft* argumentiert nicht, sie ringt nicht um Meinung und Gegenmeinung, sie will Gedanken kontrollieren. Dagegen will *Vernunft* durch Begründung der Argumente rational überzeugen. *Macht* wird mit Mitteln des Zwangs gewaltsam durchgesetzt. Menschen meiden Gewalt und Willkür, solange sie sprachlich rational diskutieren. Wird das Gespräch abgebrochen, dann sind für Gewalt und Willkür Tür und Tor geöffnet. Habermas plädiert für *intersubjektive Verständigung*. Zunächst integriert er marxistische Denktraditionen. Die politisch-ökonomische Kritik von Karl Marx wird psychoanalytisch-linguistisch umgerüstet. Wo Marx das Soziale als wirtschaftliche Produktionsverhältnisse konzipiert, setzt Habermas Kommunikationsverhältnisse. Wo Marx die Ökonomie als gesellschaftliche Basis, Kultur und Ideologie als deren Überbau kennzeichnet, determinieren nach Habermas soziale Interaktionen die Lebenswelt, auf deren Grundlage die kooperativ geleistete Arbeit möglich wird.

Der Untersuchung von Kommunikationsverhältnissen stellt Habermas (1968, S. 32 f.) eine *Kritik der Verständigung* voran. Als Leitform für Kommunikationstheorien wählt Habermas (1981) die mikroanalytische *Sprechakttheorie* John R. Searles (1969), die er zur *Theorie des kommunikativen Handelns* ausbaut. Strukturen kommunikativer Rationalität werden aus der Verständigungslogik hergeleitet, die intersubjektiv vollzogen werden. Menschen interagieren vernunftrational durch Sprache, wenn sie versuchen, zu überzeugen, oder wenn sie Argumente zirkulieren lassen. Sinn ist für Habermas sprachlicher Sinn, undenkbar ohne intersubjektive Geltung und ohne umgangssprachliche Kommunikation. Er plädiert für einen mit umgangssprachlichen Mitteln zu führenden herrschaftsfreien Diskurs, auf den er alle Emanzipationshoffnungen setzt. Der gemeinschaftliche *Diskurs* ist das eigentliche Instrument der Aufklärung, die für Habermas ein unabgeschlossener Bildungsprozess ist. Mit der *Universalpragmatik* rekonstruiert Habermas die Theorie der kommunikativen Kompetenz zur Vorbereitung gesellschaftstheoretischer Untersuchungen. Seine Kritik an der *verzerrten Kommunikation* setzt Vorstellungen von einer nicht-verzerrten, einer idealen Kommunikation voraus. Aufgabe der Theorie des kommunikativen Handelns ist die Nachkonstruktion des Regelsystems (Habermas 1971b, S. 102), des Paradigmas für eine ideale Sprechsituation.

> Ideal nennen wir […] eine Sprechsituation, in der die Kommunikation nicht nur nicht durch äußere kontingente Einwirkungen, sondern auch nicht durch Zwänge behindert wird, die aus der Struktur der Kommunikation selbst sich ergeben. Die ideale Sprechsituation schließt systematische Verzerrung der Kommunikation aus. (Habermas 1971b, S. 137)

Dem Diskurs wird eine ideale Sprechsituation unterstellt. Habermas weiss, dass Akteure lügen, missachten, vernebeln, mit falschen Karten spielen, Versprechungen brechen und gutmeinende Absichten zu taktischen Manövern verkehren können. Verzerrungen kommen häufiger vor als geglückte Auseinandersetzungen. Die ideale Sprechsituation ist für ihn keine Fiktion, kein utopisches Konstrukt, sondern eine „konstitutive Bedingung möglicher Rede" (Habermas 1971b, S. 141), gleichsam die Folie der Rekonstruktion oraler Kommunikation. Habermas (1976, S. 176) unterstellt der Sprache den „Zweck der Verständigung" und die „Herbeiführung eines Einverständnisses". Kommunikation gelingt, wenn Einverständlichkeit [mutual consent] gelingt. Trotz „transzendentalen Scheins" bildet die ideale Sprechsituation eine teleologisch-integrative Voraussetzung (Habermas 1971b, S. 141). Der Sprache wird der Status einer sozialen Synthese zugeschrieben, weil anders die Einheit des Sozialen nicht vorstellbar sei. Habermas (1971b, S. 139) kann die „Bedingungen der idealen Sprechsituation" mit den „Bedingungen einer idealen Lebensform" identifizieren. In seiner kommunikativen Konsenstheorie bleiben nonverbale, musikalische und filmische Organisations- oder Öffentlichkeitsformen außer Betracht. Geltungsansprüche orientieren sich ausschließlich an Strukturen von Sprechakten. *Sprache* wird normiert und misst die Logik der Verständigungsprozesse an deren Normativität.

Für Jürgen Habermas (1994) müssen die Kernbegriffe historisch-sozial sinnvoll sein. Normative Ansprüche müssen sozialstaatlichen Verfassungen genügen und theoretisch klar und empirisch einlösbar sein. Die *bürgerliche Öffentlichkeit als Sphäre der zum Publikum versammelten Privatleute* beschreibt Habermas vorzugsweise am Modell englischer Entwicklungen, mit Beispielen aus Frankreich – ohne die facettenreichen deutschen Verhältnisse einzubeziehen. Dergestalt entsteht ein

Idealtypus (Rühl 1980, S. 228 ff.). Dem Publikum der Privatleute, das über Eigentum und somit über Autonomie verfügt, tritt in der Mitte des 19. Jahrhunderts die „Masse der Nicht-Eigentümer" gegenüber, die an der Erhaltung der Gesellschaft als private Sphäre kein Interesse haben kann. An dieser Stelle bringt Habermas die Presse ins Spiel, genauer: den redaktionellen Teil der Presse, für den die Auswahl des Materials wichtiger gewesen sei als das Schreiben politischer Leitartikel. Gibt die bürgerliche Öffentlichkeit als die zum Publikum versammelten Privatleute ein Vorbild ab, dann ist eine Revitalisierung der öffentlichen Meinung als Legitimationsmedium demokratischer Herrschaft auch in sozialstaatlichen Massengesellschaften möglich. Unklar bleibt, wie die Revitalisierung der öffentlichen Meinung der bürgerlichen Öffentlichkeit aussehen, vor allem wie sie organisiert werden könnte.

Die Grundidee scheint in der Verstärkung organisationsinterner Öffentlichkeit und deren Anbindung an die organisationsexterne Öffentlichkeit zu bestehen. Das Buch *Strukturwandel der Öffentlichkeit* (Habermas 1990) hat nachhaltigen Einfluss. Es idealisiert das deutsche Bildungsbürgertum und den deutschen Parlamentarismus in der ersten Hälfte des 19. Jahrhunderts. Vorindustrielle und im Grunde vorparlamentarische Gesellschaftsverhältnisse werden mit Problemlagen der zweiten Hälfte des 20. Jahrhunderts in Zusammenhang gebracht. Der ideale Diskurs, eine von wenigen ausgeübte Kommunikationsmöglichkeit, um kommunikatives Handeln zu reflektieren, lässt fragen: Wo und wie wird er vollzogen? Die damit verbundene Betonung der Privatsphäre, die Beziehungen zur bürgerlichen Familie und der Brückenschlag zu einer vernunftrational legitimierten, logisch strukturierten, herrschaftsfreien Gesellschaft, mutet recht utopisch an. Die von Habermas in Zusammenhang mit seinen Überlegungen über die wahre Gesellschaft immer wieder geforderten sozialwissenschaftlichen Überprüfungen und die Kontrollen empirischer Bedingungen ihrer Verwirklichung, werden andeutungsweise aufgegriffen (Habermas 1990, S. 11 ff.).

3.2 Niklas Luhmann: Explorationen weltgesellschaftlicher Kommunikationssysteme

Luhmanns (1997, S. 11) umfassendes Forschungsprojekt: „Theorie der Gesellschaft; Laufzeit: 30 Jahre; Kosten: keine" beabsichtigt, bewahrte Gesellschaftstheorien (und all ihre Teilbereichstheorien) als funktional spezifizierbare Kommunikationssysteme in Umwelten zu rekonstruieren. Luhmanns Hauptziel ist „die Verbesserung der soziologischen Beschreibung der Gesellschaft" (Luhmann 1996). Sein universalistisches Theoretisieren über *das Soziale*, seine Sichtweisen auf sachliche, soziale und zeitliche Beziehungsebenen menschlicher

Kommunikation, trugen ihm eigenartigerweise personelle Charakterisierungen ein: „Kühler Sozialtechnokrat", „Avantgarde-Konservativer", „westlicher Taoist", „Mann ohne Eigenschaften", „Mann ohne Fernseher", „der dem Computer nicht über den Weg traut" oder „der mit dem Zettelkasten kommuniziert". Nach Luhmann kann die menschliche Aufmerksamkeit der hyperkomplexen Weltgesellschaft nur in bescheidenem Ausmaße begegnen. Er verneint die Möglichkeit, Gesellschaft auf Subjekte zu elementarisieren. Versuche, wissenschaftliche Theorien mit Commonsense-Begriffen zu bilden bzw. alltagsvernünftig umzubauen, sind nicht möglich. *Beobachtung* wird als *Unterscheidung* und *Bezeichnung* axiomatisiert (Spencer Brown 1997). Demnach kann Sozialsystemen mithilfe von *System/Umwelt-Theorien* auf allen Makro-, Meso- und Mikro-Ebenen begegnet werden. Systemtheoretisch dachte auch der Zeitungswissenschaftler Otto Groth (1960), der Systeme durch die Wesensmerkmale Periodizität, Universalität, Aktualität und Publizität festlegte (Rühl 1969a, S. 29 ff.). Groths Systemdenken ist innenorientiert, ohne Umwelt ausdrücklich mitzudenken. Das klassische Systemkonzept (griech. *koinonia politike*), projiziert ein Ganzes/Teile-Schema auf Kosmos, Körper, Schlachtenpläne und Dichterverse.

> Koinonia ist ein Ganzes, das aus Teilen besteht; das Ganze ist den Teilen übergeordnet; es ist Zweck und sie sind die Mittel. Diese systemtheoretische Konfiguration wird auf die politische Gesellschaft als die eigentliche koinonia übertragen. Die Begriffspaare Ganzes/Teil, Oben/Unten, Zweck/Mittel werden dabei aufeinander projiziert und in Bezug aufeinander erläutert. (Luhmann 1971, S. 8)

Für Luhmanns (1992, S. 547) System/Umwelt-Theorie gilt: „Was sich als Erkenntnis beobachten lässt, ist und bleibt die Erzeugung einer Differenz im Ausgang von einer Differenz." Insofern ist zu verallgemeinern: „Jeder soziale Kontakt wird als System begriffen bis hin zur Gesellschaft als Gesamtheit der Berücksichtigung aller möglichen Kontakte" (Luhmann 1984, S. 33). Sozialsysteme operieren als Kommunikationssysteme autopoietisch gegenüber Umwelten. Sie erzeugen sich selbstverschlossen (nicht abgetrennt!), mit selbst bestimmten, durchlässigen Grenzen, zur Absicherung ihres Fortbestands (Schneider 2009). Zur Umwelt der Kommunikationssysteme gehören, neben Sozialsystemen, immer mehrere Bewusstseinssysteme und Lebenssysteme, zudem chemo-bio-physikalische Systeme, etwa das Wetter. Menschliche Kommunikation [human communication] kann zustandekommen, wenn Sinn, Information, Mitteilung und Thema als Selektionen zusammenwirken (Luhmann 1984, S. 191 ff.). Jede Kommunikation setzt *Sinn* voraus, das *Gemeinte*, das *Gewusste*, um Informationen zum sprechen zu bringen. *Informationen* stehen für das *Neue*, das *Überraschende*, sie machen einen Unterschied, der einen Unterschied ausmacht (Bateson 1985, S. 582). In der Kommunikation operieren *Mitteilungen* als *Anreger*, als *Erreger*, mitunter als *Aufreger* in Wort, Ton oder Bild. Mitteilungen können verstanden oder missverstanden werden, ohne die Kommunikation notwendigerweise zu beenden. Wer Kommunikationen in Gang setzen will, wählt *Themen* aus psychischen und sozialen Gedächtnissen (Bibliotheken, Archive), die erkennbar machen, zu welchem Thema gesprochen, ob das Thema gewechselt oder ob ein anderes Thema behandelt wird (Dernbach 2000). *Verstehen,* das Kommunikation vorläufig abschließt, ist eine Synthese aus Sinn, Information, Mitteilung und Thema.

Menschliche Kommunikation wird vorwiegend im Modus *Sprache* geäußert, wie derb oder wie raffiniert auch immer. Alle Fragen können sprachlich mit Ja oder Nein beantwortet werden (Burke 1968, S. 419 ff.). Sprachlich ist die Welt in bewahrte Kommunikation [preserved communication] einbezogen, dominant in Formen von *Kommunikationskulturen* (Rühl 2008), die reflektiert, verdichtet [condensed] oder bestätigt [confirmed] werden können. Schriften sind Fixationen von Humankommunikation. Wird die Kommunikationsgeschichte mit der Erfindung von Schriften in Mesopotamien und im Alten Ägypten begonnen, um hinzuführen zu Medienschriften, dann bleiben orale und viele andere Kommunikationsformen außer Betracht. Bedenkt Luhmann (1997, S. 314) *Öffentlichkeit*, dann als „Freigabe des Zugangs […] also Verzicht auf Kontrolle des Zugangs, also strukturelle Unbestimmtheit der räumlichen Integration". Damit sind strukturdiffuse Chancen der Teilhabe an öffentlicher Kommunikation gemeint, in heterarchischer *Vernetzung*, auf der Suche nach Anschlusskommunikation.

In der von Talcott Parsons (1977) vertretenen strukturierten Handlungssystemtheorie erfüllt Umwelt bestimmte Funktionen. In Luhmanns (1984, S. 48 ff.) Kommunikationssystemtheorie steht Strukturbildung für *Komplexitätsreduktion*. Luhmanns *Funktionsbegriff* liefert Rahmenvorstellungen für Redundanzen in der Beobachtung sozialer Verhältnisse durch Vergleich. Wer keine Vergleichsgesichtspunkte kennt, kann keine Kommunikationssysteme vergleichen. Das Kommunikationssystem *Publizistik*, das nicht-öffentliche in öffentliche Kommunikation transferiert (Marcinkowski 1993, S. 147 ff.), operiert *funktional vergleichend* in Relation zu Politik, Wirtschaft, Technik, Wissenschaft, Religion, Kunst, Sport, Familie und weiteren weltgesellschaftlichen Funktionssystemen. Auch die publizistikwissenschaftliche Systemtheoriebildung erfolgt mithilfe von *Erkenntnisstrukturen* (Begriffen, Definitionen), *Erkenntnisoperationen* (Modellen, Metaphern, Schematisierungen) und *Erkenntnisverfahren* (Funktionalisierung, Historisierung, Phänomenologisierung). Funktionsbegriff und funktionale Analyse beziehen sich nicht auf ein vorgegebenes, zu erhaltendes oder zu bewirkendes „System", sondern auf *System/Umwelt-Beziehungen* als vergleichbare Einheiten, die systemintern als *Aufgaben* und systemextern als *Leistungen* (und *Gegenleistungen*) kleingearbeitet werden können (Rühl 2008).

Als Luhmann (1975a) den Vortrag *Veränderungen im System gesellschaftlicher Kommunikation und die Massenmedien* veröffentlichte, orientierte er sich an Veränderungen in der Ideen- und Begriffswelt der Kulturgeschichte. Für Luhmann (1995, S. 113) ist es unbestreitbare Tatsache, dass Psychologie und Soziologie im 20. Jahrhundert in sachverschiedenen Forschungen ein nicht mehr integrierbares Wissen produzieren. Fremd sind ihm Vorstellungen von Kommunikation als bloßes Über-Tragen oder Ver-Mitteln, um zielgerichtet zu bewirken. Luhmanns konstruktivistische Denkweise erkennt *Wirklichkeit* als Resultat eigener Konstruktionsprozesse. Bestimmt die traditionelle Publizistikwissenschaft Medien wie Zeitung, Zeitschrift, Film, Hörfunk und Fernsehen als reale Gegenstände, dann sind sie dergestalt für die funktional-strukturelle Systemtheorie forschungsunfähig [not researchable]. „Alles, was vorkommt, ist *immer zugleich* zugehörig zu einem *System* (oder zu mehreren Systemen) und zugehörig zur *Umwelt anderer Systeme*" (Luhmann 1984, S. 243, H. i. O.). Publizistiksysteme kommen zustande, wenn ein autopoietischer Kommunikationskontext entsteht, der sich durch Einschränkung geeigneter Kommunikationen gegen eine Umwelt abgrenzt (Luhmann 1986, S. 269).

Probleme beim Wiedereintreten in die Publizistikwissenschaft

4

Nach dem Zweiten Weltkrieg wurde versucht, die Publizistikwissenschaft durch Subjekt/Objekt-Beschreibungen wiederzubeleben. Emil Dovifat (1971, S. 7) befand: „Die Persönlichkeit ist die letzte entscheidende Kraft in der Publizistik", und Henk Prakke (1960) postulierte: „Alle Publizistik ist Zwiegespräch." In den Vereinigten Staaten von Amerika gibt es keine Publizistikwissenschaft. Dort heißt die Kommunikationswissenschaft *Communications*, *Communication Science* oder *Study of Communication*, die vorzugsweise bearbeitet wird von *Communications Communities*. Der Bindestrichtitel *Publizistik- und Kommunikationswissenschaft* kam 1972 als Vereinskompromiss in der Deutschen Gesellschaft für Publizistik- und Kommunikationswissenschaft (DGPuK) zustande. Er blieb eine rein sprachliche, empirisch leere Merkmalsverbindung. Publizistikprobleme können mit *Funktion* und *System* als wissenschaftstheoretische Brennpunkte bearbeitet werden (Ronneberger und Rühl 1992, S. 249 ff.). Mit dem Subjekt/Objekt-Schema ist die Komplexität der Publizistik/Gesellschafts-Problematik nicht zu untersuchen. Beziehungen zwischen Kommunikation und Öffentlichkeit, öffentlicher Meinung, „persönlicher" Meinung, Arbeit, Beruf, Profession und Karriere, Bewirkungen durch Zeitunglesen, Fernsehen, Radiohören oder Smartphone-Bedienung, alle verlangen kommunikationstheoretische Bearbeitung (Dernbach 1998, S. 47 ff.).

Die Erforschung von Publizistik/Gesellschafts-Identitäten hat mindestens zwei Wirkungsreihen zur Folge. Publizistiksysteme verändern sich selbst von Fall zu Fall, zugleich mit den gesellschaftlichen Funktionssystemen Politik, Wirtschaft, Kunst usw. Alle publizistischen Produktions-, Vertriebs- und Rezeptionsprozesse verursachen monetäre und soziale Kosten, die mit gesellschaftlich knappen Ressourcen zu bezahlen sind: mit qualifiziertem Personal, sinnmachenden Informationen, durchsetzungsfähigen Themen, anschlusssuchenden Mitteilungen, öffentlicher Aufmerksamkeit, öffentlichem Vertrauen, Pressefreiheit, Geld und Zeit (Rühl 2008, S. 181 f.). „Vor allem gilt es, Probleme aufzustellen [...] Nichts kommt von

M. Rühl, *Publizistikwissenschaft erneuern*, essentials,
DOI 10.1007/978-3-658-12840-1_4

allein. Nichts ist gegeben. Alles ist konstruiert“ (Bachelard 1978, S. 47). In publizistische Problemlagen sind historische, sachliche und soziale Verhältnisse eingebaut. Mit sozialen Gedächtnissen (Archiven, Bibliotheken) wird publizistisches Kapital gebildet, mit dem wiederum psychische Gedächtnisse künftige Publizistik planen können. In Sozialordnungen entstehen semantisch-symbolische *Kommunikationskulturen* in den Modi Sprache, Bild, Film und Musik (Rühl 2008, S. 190). In Interrelation mit Öffentlichkeiten, Publika und öffentlicher Meinung operiert Publizistik organisations-, markt- und haushaltsförmig, graduell unterschiedlich kontrolliert durch Normen des Rechts, der Moral, des sozialen Vertrauens und der Konventionen (Dank, Freundlichkeit, Höflichkeit). Wechselbeziehungen heutiger Publizistik/Gesellschafts-Verhältnisse lassen sich als Mehr-Ebenen-Auswirkungen beobachten: als *Funktion* zur Bestimmung der Systeme auf der *Makro-Ebene*, als *Leistungen* und *Gegenleistungen* der Märkte auf der *Meso-Ebene*, als selbstgestellte *Aufgaben* der Organisationen auf der *Mikro-Ebene*.

Seit Albert Schäffle (Luhmann 1975b, S. 51) sind Tendenzen der Weltgesellschaft als Kommunikationssystem zu beobachten (Rühl 1984). In der letzten Jahrhunderthälfte haben viele Sozialwissenschaftler Sondertitel für Gesellschaften vorgeschlagen, beispielsweise Überfluss-, Armuts-, Risiko-, Erlebnis-, Wissens-, Medien-, Informations-, Kommunikations-, Multioptions-, Coaching-, Spaß- oder Beratungsgesellschaft. Eine „Publizistikgesellschaft“ kam meines Wissens nicht ins Gerede. Die steigende Zahl der Hochschulen mit spezialisierten publizistischen Studiengängen, und die zunehmende weltgesellschaftliche Orientierung der Studenten, verlangt nach mehr intellektueller Beweglichkeit für das Stellen, Bearbeiten und Lösen künftiger Publizistikprobleme und der Theoriebildung als Voraussetzung.

Literatur

Arndt, Ernst Moritz. 1818. *Geist der Zeit*. Berlin: Reimer.

Bachelard, Gaston. 1978. *Die Bildung des wissenschaftlichen Geistes. Beitrag zur Psychoanalyse der objektiven Erkenntnis*. Frankfurt a. M.: Suhrkamp. (zuerst 1938).

Bateson, Gregory. 1985. *Ökologie des Geistes. Anthropologische, psychologische, biologische und epistemologische Perspektiven*. Frankfurt a. M.: Suhrkamp.

Bloch, Ernst. 1953. *Christian Thomasius, ein deutscher Gelehrter ohne Misere*. Frankfurt a. M.: Suhrkamp.

Brunhuber, Robert. 1907. *Das moderne Zeitungswesen. System der Zeitungslehre*. Leipzig: Göschen.

Brunner, Otto, Werner Conze, und Reinhart Koselleck, Hrsg. 1972–1997. *Geschichtliche Grundbegriffe. Historisches Lexikon zur politisch-sozialen Sprache in Deutschland*. Bd. 1–8. Stuttgart: Klett-Cotta.

Bücher, Karl. 1874. *Die Aufstände der unfreien Arbeiter 143-129 v. Chr*. Frankfurt a. M.: Adelmann.

Bücher, Karl. 1893. *Die Entstehung der Volkswirtschaft*. Tübingen: Laupp.

Bücher, Karl. 1896. *Arbeit und Rhythmus*. Leipzig: Hirzel.

Bücher, Karl. 1903. *Der deutsche Buchhandel und die Wissenschaft. Denkschrift im Auftrage des Akademischen Schutzvereins*. Leipzig: Teubner.

Bücher, Karl. 1915. *Unsere Sache und die Tagespresse*. Tübingen: Mohr. (Siebeck).

Bücher, Karl. 1916. Die Anonymität in der Presse. *Zeitschrift für die gesamte Staatswissenschaft* 72:289–327.

Bücher, Karl. 1919. *Lebenserinnerungen. Erster Band: 1847–1890*. Tübingen: Laupp.

Bücher, Karl. 1921. Zur Frage der Pressereform. *Zeitschrift für die gesamte Staatswissenschaft* 76:314–331.

Bücher, Karl. 1926. *Gesammelte Aufsätze zur Zeitungskunde*. Tübingen: Laupp.

Bücher, Karl. 1981. *Auswahl der publizistikwissenschaftlichen Schriften* (Hrsg. Heinz-Dietrich Fischer und Horst Minte). 3–13. Bochum: Brockmeyer.

Burke, Kenneth. 1968. *Language as symbolic action. Essays on life, literature, and method*. Berkeley: University of California Press.

Conter, Claude D. 1999. Zu Besuch bei Kaspar Stieler. ‚Zeitungs Lust und Nutz' – Ein Beitrag zur historischen Kommunikationsforschung. *Publizistik* 44:75–93.

Corn, Joseph J., Hrsg. 1986. *Imagining tomorrow. History, technology, and the American future*. Cambridge: MIT Press.

M. Rühl, *Publizistikwissenschaft erneuern,* essentials,
DOI 10.1007/978-3-658-12840-1

Dernbach, Beatrice. 1998. *Public Relations für Abfall. Ökologie als Thema der öffentlichen Kommunikation*. Opladen/Wiesbaden: Westdeutscher Verlag.

Dernbach, Beatrice. 2000. Themen der Publizistik – Wie entsteht die Agenda öffentlicher Kommunikation? *Publizistik* 45:38–50.

Dovifat, Emil, Hrsg. 1971. *Handbuch der Publizistik*. Bd. 1, 2. Aufl. Berlin: de Gruyter.

Dröge, Franz W., und Winfried B. Lerg. 1965. Kritik der Kommunikationswissenschaft. *Publizistik* 10:251–284.

Filipović, Alexander. 2007. *Öffentliche Kommunikation in der Wissensgesellschaft. Sozialethische Analysen*. Bielefeld: Bertelsmann.

Giesecke, Michael. 1991. *Der Buchdruck in der frühen Neuzeit. Eine historische Fallstudie über die Durchsetzung neuer Informations- und Kommunikationstechnologien*. Frankfurt a. M.: Suhrkamp.

Grimm, Dieter. 1988. *Deutsche Verfassungsgeschichte 1776–1866. Vom Beginn des modernen Verfassungsstaats bis zur Auflösung des Deutschen Bundes*. Frankfurt a. M.: Suhrkamp.

Groth, Otto. 1948. *Die Geschichte der deutschen Zeitungswissenschaft. Probleme und Methoden*. München: Weinmayer.

Groth, Otto. 1960. *Die unerkannte Kulturmacht. Grundlegung der Zeitungswissenschaft (Periodik)*. Bd. 1. Berlin: de Gruyter.

Habermas, Jürgen. 1968. *Technik und Wissenschaft als „Ideologie"*. Frankfurt a. M.: Suhrkamp.

Habermas, Jürgen. 1971a. Theorie der Gesellschaft oder Sozialtechnologie? Eine Auseinandersetzung mit Niklas Luhmann. In *Theorie der Gesellschaft oder Sozialtechnologie?* Hrsg. Jürgen Habermas und Niklas Luhmann, 142–290. Frankfurt a. M.: Suhrkamp.

Habermas, Jürgen 1971b. Vorbereitende Bemerkungen zu einer Theorie der kommunikativen Kompetenz. In *Theorie der Gesellschaft oder Sozialtechnologie?* Hrsg. Jürgen Habermas und Niklas Luhmann, 101–141. Frankfurt a. M.: Suhrkamp:

Habermas, Jürgen. 1971c. *Öffentlichkeit. Das Fischer Lexikon. Staat und Gesellschaft,* 220–226. Frankfurt a. M.: Fischer Bücherei

Habermas, Jürgen. 1976. Was heißt Universalpragmatik? In *Sprachpragmatik und Philosophie,* Hrsg. Karl-Otto Apel, 174–272. Frankfurt a. M.: Suhrkamp.

Habermas, Jürgen. 1981. *Theorie des kommunikativen Handelns. Bd. 1: Handlungsrationalität und gesellschaftliche Rationalisierung; Bd. 2: Zur Kritik der funktionalistischen Vernunft*. Frankfurt a. M.: Suhrkamp.

Habermas, Jürgen. 1990. *Strukturwandel der Öffentlichkeit. Untersuchungen zu einer Kategorie der bürgerlichen Gesellschaft*. Frankfurt a. M.: Suhrkamp. (zuerst 1962).

Habermas, Jürgen. 1994. *Faktizität und Geltung. Beiträge zur Diskurstheorie des Rechts und des demokratischen Rechtsstaats*. Darmstadt: Wissenschaftliche Buchgesellschaft.

Habermas, Jürgen, und Niklas Luhmann. 1971. *Theorie der Gesellschaft oder Sozialtechnologie – Was leistet die Systemforschung?* Frankfurt a. M.: Suhrkamp.

Hardt, Hanno. 1979. *Social theories of the press. Early German & American perspectives*. Foreword by James W. Carey. Beverley Hills. London: Sage.

Hegel, Georg Wilhelm Friedrich. 1986. *Nürnberger und Heidelberger Schriften. Texte zur Philosophischen Propädeutik. Werke*. Bd. 4. Frankfurt a. M.: Suhrkamp. (zuerst 1808).

Hegel, Georg Wilhelm Friedrich. 1995. Grundlinien der Philosophie des Rechts. In *Mit Hegels eigenhändig Randbemerkungen in seinem Handexemplar der Rechtsphilosophie*. 5. Aufl., Hrsg. Johannes Hoffmeister. Hamburg: Meiner. (zuerst 1821).

Hölscher, Lucian. 1978. Öffentlichkeit. In *Geschichtliche Grundbegriffe*. Bd. 4, Hrsg. Otto Brunner et al., 413–467. Stuttgart: Klett-Cotta.

Holtzendorff, Franz von. 1879. *Wesen und Wert der öffentlichen Meinung*. München: Rieger.

Kant, Immanuel. 1968. Beantwortung der Frage: Was ist Aufklärung? *Kant Werke* 9:51–61. (Darmstadt: Wissenschaftliche Buchgesellschaft).

Kellen, Tony. 1908. *Das Zeitungswesen*. Kempten: Kösel.

Kieslich, Günter. 1963a. Die Wissenschaft von der Publizistik. Zur Entwicklung und gegenwärtigen Lage einer Universitätsdisziplin. In *Film und Fernsehen im Spiegel der Wissenschaft,* Hrsg. Erich Feldmann und Ernst Meier, 9–24. Gütersloh: Bertelsmann.

Kieslich, Günter. 1963b. *„Poetische Zeitungen" im 18. Jahrhundert. Festschrift für Hanns Braun*, 106–112. Bremen: Heye & Co.

Knies, Karl. 1853. *Die Eisenbahnen und ihre Wirkungen*. Braunschweig: Schwetschke.

Knies, Karl. 1857. *Der Telegraph als Verkehrsmittel. Mit Erörterungen über den Nachrichtenverkehr überhaupt*. Tübingen: Laupp.

Koszyk, Kurt. 1966. *Die deutsche Presse im 19. Jahrhundert*. Berlin: Colloquium.

Koszyk, Kurt. 1968. *Zur Funktion und Struktur der Publizistik. Zwei Beiträge*. Berlin: Spiess.

Krippendorff, Klaus. 1996. A second-order cybernetics of otherness. *Systems Research* 13:311–328.

Lerg, Winfried B. 1970. *Das Gespräch. Theorie und Praxis der unvermittelten Kommunikation*. Düsseldorf: Bertelsmann Universitätsverlag.

Liebknecht, Wilhelm. 1890. *Wissen ist Macht – Macht ist Wissen. Festrede gehalten zum Stiftungsfest des Dresdener Bildungs-Vereins am 5. Februar 1872*. Berlin: Glocke.

Löbl, Emil. 1903. *Kultur und Presse*. Leipzig: Duncker & Humblot.

Luhmann, Niklas. 1971. Moderne Systemtheorien als Form gesamtgesellschaftlicher Analyse. In *Theorie der Gesellschaft oder Sozialtechnologie – Was leistet die Systemforschung?* Hrsg. Jürgen Habermas und Niklas Luhmann, 7–24. Frankfurt a. M.: Suhrkamp.

Luhmann, Niklas. 1975a. Veränderungen im System gesellschaftlicher Kommunikation und die Massenmedien. In *Die elektronische Revolution. Wie gefährlich sind die Massenmedien?* Hrsg. Oskar Schatz, 13–30. Graz: Styria.

Luhmann, Niklas. 1975b. Die Weltgesellschaft. In *Soziologische Aufklärung 2. Aufsätze zur Theorie der Gesellschaft,* Niklas Luhmann Hrsg., 51–71. Opladen: Westdeutscher Verlag.

Luhmann, Niklas. 1981. Die Unwahrscheinlichkeit der Kommunikation. In *Soziologische Aufklärung 3. Soziales System, Gesellschaft, Organisation,* Niklas Luhmann Hrsg., 25–34. Opladen: Westdeutscher Verlag.

Luhmann, Niklas. 1984. *Soziale Systeme. Grundriss einer allgemeinen Theorie*. Frankfurt a. M.: Suhrkamp.

Luhmann, Niklas. 1986. *Ökologische Kommunikation. Kann die moderne Gesellschaft sich auf ökologische Gefährdungen einstellen?* Opladen: Westdeutscher Verlag.

Luhmann, Niklas. 1992. *Die Wissenschaft der Gesellschaft*. Frankfurt a. M.: Suhrkamp.

Luhmann, Niklas. 1995. Was ist Kommunikation? In *Soziologische Aufklärung 6. Die Soziologie und der Mensch,* Niklas Luhmann Hrsg., 113–124. Opladen: Westdeutscher Verlag.

Luhmann, Niklas. 1996. Selbstbeobachtung des Systems. Ein Gespräch. In *Welten im Kopf. Profile der Gegenwartsphilosophie. Deutschland,* Hrsg. Ingeborg Breuer, Peter Leusch, und Dieter Mersch, 169–179. Darmstadt: Wissenschaftliche Buchgesellschaft.

Luhmann, Niklas. 1997. *Die Gesellschaft der Gesellschaft*. Bd. 2. Frankfurt a. M.: Suhrkamp.

Maletzke, Gerhard. 1967. *Publizistikwissenschaft zwischen Geistes- und Sozialwissenschaft. Zum Standort der Wissenschaft von der öffentlichen Kommunikation*. Berlin: Spiess.

Marcinkowski, Frank. 1993. *Publizistik als autopoietisches System. Politik und Massenmedien. Eine systemtheoretische Analyse*. Opladen: Westdeutscher Verlag.

Meyen, Michael, und Maria Löblich. 2006. *Klassiker der Kommunikationswissenschaft. Fach- und Theoriegeschichte in Deutschland*. Konstanz: Universitätsverlag.

Nipperdey, Thomas. 1993. *Deutsche Geschichte 1866–1918. Band 2: Machtstaat vor der Demokratie*. 2. Aufl. München: Beck.

Osterhammel, Jürgen. 2009. *Die Verwandlung der Welt. Eine Geschichte des 19. Jahrhunderts*. München: Beck.

Parsons, Talcott. 1977. *The evolution of societies*. Englewood Cliffs: Prentice-Hall.

Porter, Roy. 1991. *Kleine Geschichte der Aufklärung*. Berlin: Wagenbach.

Prakke, Hendricus Johannes. 1960. Alle Publizistik ist Zwiegespräch. *Publizistik* 5:208–210.

Prakke, Henk. 1963. *Zur Frage der Ur-Publizistik, 137–144. Festschrift für Hanns Braun*. Bremen: Heye & Co.

Riedel, Manfred. 1979. Gesellschaft, bürgerliche. In *Geschichtliche Grundbegriffe*. Bd. 2, Hrsg. Otto Brunner et al., 719–800. Stuttgart: Klett-Cotta.

Ritter, Joachim, Karlfried Gründer, und Gabriel Gottfried, Hrsg. 1971–2007. *Historisches Wörterbuch der Philosophie*. Bd. 1–13. Darmstadt: Wissenschaftliche Buchgesellschaft.

Ronneberger, Franz. 1970. Was Kommunikationsforschung mit Politik zu tun hat. In *Publizistik – Zeitungswissenschaft – Communication Research – Journalism. Dokumentation,* Hrsg. Deutsche Gesellschaft für Publizistik- und Zeitungswissenschaft, dt. und engl. 60–67. Konstanz: Universitätsverlag.

Ronneberger, Franz. 1971. Sozialisation durch Massenkommunikation. In *Sozialisation durch Massenkommunikation,* Hrsg. Franz Ronneberger, 32–101. Stuttgart: Enke.

Ronneberger, Franz, und Manfred Rühl. 1992. *Theorie der Public Relations. Ein Entwurf*. Opladen: Westdeutscher Verlag.

Rühl, Manfred. 1969a. *Die Zeitungsredaktion als organisiertes soziales System*. Bielefeld: Bertelsmann Universitätsverlag.

Rühl, Manfred. 1969b. Systemdenken und Kommunikationswissenschaft. *Publizistik* 14:185–206.

Rühl, Manfred. 1971. *Lehre und Forschung in der Kommunikationswissenschaft der USA. Ein Erfahrungsbericht*. Vorgelegt der Deutschen Forschungsgemeinschaft. Nürnberg (unveröffentlicht).

Rühl, Manfred. 1980. *Journalismus und Gesellschaft. Bestandsaufnahme und Theorieentwurf*. Mainz: v. Hase und Koehler.

Rühl, Manfred. 1984. Die Welt als neugeordnetes Kommunikationssystem? Thesen zur Realisierbarkeit eines kommunikationspolitischen Ordnungsprogramms. *Publizistik* 29:211–221.

Rühl, Manfred. 1987. Humankommunikation und menschliche Erfahrung. Zum Umbau von Kernbegriffen in der gegenwärtigen Gesellschaft. In *Kommunikation und Erfahrung. Wege anwendungsbezogener Kommunikationsforschung,* Hrsg. Manfred Rühl, 5–66. Nürnberg: Verlag der kommunikationswissenschaftlichen Forschungsvereinigung.

Rühl, Manfred. 1995. Zu einer Programmatik von Lehrprogrammen der Public Relations. In *PR-Ausbildung in Deutschland. Entwicklung, Bestandsaufnahme und Perspektiven,* Hrsg. Günter Bentele und Peter Szyszka, 297–315. Opladen: Westdeutscher Verlag.

Rühl, Manfred. 1999a. *Publizieren. Eine Sinngeschichte der öffentlichen Kommunikation*. Opladen: Westdeutscher Verlag.

Rühl, Manfred. 1999b. Publizieren und Publizistik – kommnikationswissenschaftlich beobachtet. *Publizistik* 44:58–74.

Rühl, Manfred. 2000a. Medien (alias Mittel) und die öffentliche Kommunikation. Ein alteuropäisches Begriffspaar im Wirklichkeitswandel. In *Festschrift für die Wirklichkeit*, Hrsg. Guido Zurstiege, 105–118. Wiesbaden: Westdeutscher Verlag.

Rühl, Manfred. 2000b. Technik und ihre publizistische Karriere. In *Zeitung – Medium mit Vergangenheit und Zukunft. Eine Bestandsaufnahme*, Hrsg. Otfried Jarren, Gerd G. Kopper, und Gabriele Toepser-Ziegert, 93–104. München: Saur. (= Festschrift aus Anlass des 60. Geburtstages von Hans Bohrmann).

Rühl, Manfred. 2006. Globalisierung der Kommunikationswissenschaft. Denkprämissen – Schlüsselbegriffe – Theorietendenzen. *Publizistik* 51:349–369.

Rühl, Manfred. 2008. *Kommunikationskulturen der Weltgesellschaft. Theorie der Kommunikationswissenschaft*. Wiesbaden: Verlag für Sozialwissenschaften.

Rühl, Manfred. 2015. *Journalismus und Public Relations. Theoriegeschichte zweier weltgesellschaftlicher Errungenschaften*. Wiesbaden: Springer VS.

Scaff, Lawrence A. 2013. *Max Weber in Amerika*. Berlin: Duncker & Humblot.

Schäffle, Albert. 1870. *Kapitalismus und Socialismus. Mit besonderer Rücksicht auf Geschäfts- und Vermögensformen. Vorträge zur Versöhnung der Gegensätze von Lohnarbeit und Kapital*. Tübingen: Laupp.

Schäffle, Albert. 1873. Ueber die volkswirtschaftliche Natur der Güter der Darstellung und der Mittheilung. *Zeitschrift für die gesamte Staatswissenschaft* 22:1–70.

Schäffle, Albert. 1875a. *Bau und Leben des socialen Körpers*. Bd. 1. Tübingen: Laupp.

Schäffle, Albert. 1875b. Ueber den Begriff der Person nach Gesichtspunkten der Gesellschaftslehre. *Zeitschrift für die gesamte Staatswissenschaft* 31:183–193.

Schäffle, Albert. 1885. Mensch und Gut in der Volkswirtschaft oder der ethisch-anthropologische Standpunkt in der Nationalökonomie mit besonderer Rücksicht auf die Grundprinzipien der Steuerlehre. In *Gesammelte Aufsätze*. Bd. 1, Albert Schäffle Hrsg., 158–183. Tübingen: Laupp (zuerst 1861).

Schäffle, Albert. 1905. *Aus meinem Leben*. Bd. 2. Berlin: Hofmann.

Schäffle, Albert. 1906. *Abriß der Soziologie*. (Hrsg. Karl Bücher). Tübingen: Laupp.

Schenda, Rudolf. 1976. *Die Lesestoffe der Kleinen Leute. Studien zur populären Literatur im 19. und 20. Jahrhundert*. München: Beck.

Schenda, Rudolf. 1977. *Volk ohne Buch. Studien zur Sozialgeschichte der populären Lesestoffe 1770–1910*. München: dtv.

Schneider, Scarlett. 2009. *Grenzüberschreitende Organisationskommunikation. Eine Studie auf systemtheoretischer Basis*. Berlin: LIT.

Schröder, Peter. 1999. *Christian Thomasius zur Einführung*. Hamburg: Junius.

Searle, John R. 1969. *Sprechakte. Ein sprachphilosophischer Essay*. Frankfurt a. M.: Suhrkamp.

Spencer-Brown, George. 1997. *Laws of Form – Gesetze der Form* (Übers. Thomas Wolf). Lübeck: Bohmeier.

Stieler, Kaspar. 1969. *Zeitungs Lust und Nutz. Vollständiger Neudruck der Originalausgabe von 1695*. (Hrsg. Gert Hagelweide). Bremen: Schünemann.

Stöber, Rudolf. 2005. *Deutsche Pressegeschichte. Einführung, Systematik, Glossar*. Konstanz: UVK.

Thomasius, Christian. 2002. *Kurzer Entwurf der Politischen Klugheit*. (Vorwort von Werner Schneiders. Nachdruck) Hildesheim: Olms (zuerst 1707).

Thomasius, Christian. 1994. Die neue Erfindung einer wohlgegründeten und für das gemeine Wesen höchstnöthigen Wissenschaft. In *Kleine teutsche Schriften,* Christian Thomasius Hrsg., 449–490. (Nachdruck). Hildesheim: Olms (zuerst 1701).

Thomasius, Christian. 1995. *Einleitung zur SittenLehre* [*Von der Kunst Vernünfftig und Tugenhafft zu lieben. Als dem eintzigen Mittel zu einem glückseligen/galanten und vergnügten Leben zu gelangen*]. (Nachdruck). Hildesheim: Olms (zuerst 1692).

Thomasius, Christian. 1998. *Ausübung der Vernunftlehre* (Hrsg. v. Werner Schneiders. Nachdruck). Hildesheim: Olms (zuerst 1691).

Wieland, Christoph Martin. 1785. Über die Rechte und Pflichten der Schriftsteller in Absicht ihrer Nachrichten und Urtheile über Nazionen, Regierungen und andere öffentliche Gegenstände. *Teutscher Merkur* 3:194–195.

Wuttke, Heinrich. 1875. *Die deutschen Zeitschriften und die Entstehung der öffentlichen Meinung. Ein Beitrag zur Geschichte des Zeitungswesens.* 3. Aufl. Leipzig: Krüger (zuerst 1866).